1+X 职业技术·职业资格培训教材

人力资源管理员
职业技能鉴定辅导练习

主　　编　王伟杰　刘　忆

编　　者　王　玉　陈　艳　杨　猛

曲连冰　殷璐璐

中国劳动社会保障出版社

图书在版编目(CIP)数据

人力资源管理员职业技能鉴定辅导练习/王伟杰，刘忆主编. —北京：中国劳动社会保障出版社，2008

职业技术·职业资格培训教材

ISBN 978-7-5045-7029-1

Ⅰ.人… Ⅱ.①王…②刘… Ⅲ.劳动力资源-资源管理-职业技能鉴定-习题 Ⅳ.F241-44

中国版本图书馆CIP数据核字(2008)第107655号

中国劳动社会保障出版社出版发行

（北京市惠新东街1号 邮政编码：100029）

出版人：张梦欣

*

北京市艺辉印刷有限公司印刷装订 新华书店经销

787毫米×1092毫米 16开本 8.75印张 166千字

2008年8月第1版 2013年6月第5次印刷

定价：15.00元

读者服务部电话：010-64929211/64921644/84643933

发行部电话：010-64961894

出版社网址：http://www.class.com.cn

内容简介

本辅导练习由劳动和社会保障部教材办公室、上海市职业培训研究发展中心依据上海1+X人力资源管理员（国家职业资格四级）职业技能鉴定考核细目组织编写，是《1+X职业技术·职业资格培训教材——人力资源管理员》（以下简称《教材》）的配套用书，为读者学习《教材》核心内容，检验所学知识与技能提供有益的帮助。

本辅导练习按单元进行编写，每一单元与《教材》中的各个篇相对应，提供有针对性的辅导练习题。辅导练习题配有答案，便于读者检验和巩固所学的内容。为方便读者熟悉人力资源管理员（国家职业资格四级）的鉴定考核形式，本辅导练习最后设置了鉴定项目表，并提供知识考核模拟试卷、技能考核模拟试卷及其答案，以便读者对自己学习、掌握知识和技能的总体情况有一个正确的认识。

本辅导练习可作为人力资源管理员（国家职业资格四级）职业技能培训与鉴定考核辅导用书，也可供全国中、高等职业院校相关专业师生，以及相关从业人员参加培训使用。

前　言

职业资格证书制度的推行，对广大从业者系统地学习相关职业的知识和技能，提高就业能力、工作能力和职业转换能力有着重要的作用和意义，也为企业合理用工以及劳动者自主择业提供了依据。

随着我国科技进步、产业结构调整以及市场经济的不断发展，特别是加入世界贸易组织以后，各种新兴职业不断涌现，传统职业的知识和技术也愈来愈多地融进当代新知识、新技术、新工艺的内容。为适应新形势的发展，优化劳动力素质，上海市劳动和社会保障局在提升职业标准、完善技能鉴定方面做了积极的探索和尝试，推出了1+X的鉴定考核细目和题库。1+X中的1代表国家职业标准和鉴定题库，X是为适应上海市经济发展的需要，对职业标准和题库进行的提升，包括增加了职业标准未覆盖的职业，也包括对传统职业的知识和技能要求的提高。

上海市职业标准的提升和1+X的鉴定模式，得到了国家劳动和社会保障部领导的肯定。为配合上海市开展的1+X鉴定考核与培训的需要，劳动和社会保障部教材办公室、上海市职业培训研究发展中心联合组织有关方面的专家、技术人员共同编写了职业技术·职业资格培训系列教材。

职业技术·职业资格培训教材严格按照1+X鉴定考核细目进行编写，教材内容充分反映了当前从事职业活动所需要的最新核心知识与技能，较好地体现了科学性、先进性与超前性。聘请编写1+X鉴定考核细目的专家，以及相关行业的专家参与教材的编审工作，保证了教材与鉴定考核细目和题库的紧密衔接。

职业技术·职业资格培训教材突出了适应职业技能培训的特色，按等级、分模块单元的编写模式，使学员通过学习与培训，不仅能够有助于通过鉴定考核，而且能够有针对性地系统学习，真正掌握本职业的实用技术与操作技能，从而实现我会做什么，而不只是我懂什么。

本教材结合上海市对职业标准的提升而开发，适用于上海市职业培训和职业资格鉴定考核，同时，也可为全国其他省市开展新职业、新技术职业培训和鉴定考核提供借鉴或参考。

新教材的编写是一项探索性工作，由于时间紧迫，不足之处在所难免，欢迎各使用单位及个人对教材提出宝贵意见和建议，以便教材修订时补充更正。

劳动和社会保障部教材办公室

上海市职业培训研究发展中心

目　录

第 1 单元

人力资源规划

一、学习要求

通过本单元的培训，学员应该知道人力资源规划的基本概念、意义，以及人力资源规划在企业战略中的重要地位；了解组织结构的基本原理；掌握工作分析的方法；了解人力资源信息系统的基本知识；能够进行人力资源成本确定和核算计量；并了解职业和劳动力供求关系的基本知识。

二、职业技能鉴定考核要点

鉴定范围	鉴定点	重要程度
人力资源规划概述	人力资源规划的概念	★★
	人力资源规划的意义	★★
	人力资源规划的作用	★
组织结构基本原理	组织结构的类型	★
	组织的基本构成要素	★
工作分析	工作分析概述	★★
	工作分析常用的方法	★★
人力资源管理信息系统	人力资源管理信息系统概述	★
	人力资源管理信息系统的建立	★★
劳动定额	人力资源成本确认	★★★
	人力资源成本核算计量	★★★
职业与劳动力供求关系	劳动力市场	★★
	职业分类概况	★★
	劳动力市场的概念	★★
	用人单位	★★
	工资	★★
	劳动力市场组织者	★

三、单元测试题

(一) 判断题（下列判断正确的请打“√”，错误的打“×”）

1. 一般而言，人力资源规划包括人力资源战略、人力资源规划、人力资源计划三个层次的内容。（ ）

2. 组织类型可以分为正式组织和非正式组织。（ ）

3. 工作分析也称职务分析，就是指对工作职责的分析。 （ ）
4. 直线型组织由泰勒首先提出。 （ ）
5. 矩阵型组织结构又称目标结构。 （ ）
6. 组织是对完成特定使命的人的系统性安排。 （ ）
7. 正式组织的规模与成员协作意愿成正比。 （ ）
8. 职务分析是人力资源管理活动的起点。 （ ）
9. 企业中财务和生产属于同一个工作族。 （ ）
10. 劳动定额是组织现代化大工业生产的客观要求。 （ ）
11. 职业是社会劳动分工的结果，是以劳动工作方式为依据所作的划分。 （ ）
12. 看管定额适用于纺织企业。 （ ）
13. 工资在调节劳动力供求关系中起重要的作用。 （ ）
14. 劳动力市场按照地理范围划分，分为城市乡村、国内国外等区域劳动力市场。 （ ）
15. 服务定额一般用于旅店、招待所、餐厅等组织。 （ ）
16. 使用人力资源管理信息系统可以增强企业员工的组织认同感。 （ ）
17. 产量定额适用于机械制造、航空、造船等部门和组织。 （ ）
18. 择业竞争是在岗劳动者与不在岗劳动者之间的竞争。 （ ）
19. 微观劳动力配置是指企业内部劳动力市场。 （ ）
20. 劳动力配置具有均衡性。 （ ）
21. 工作分析中的静态背景资料也包括使用职位分析问卷分析员工岗位价值。 （ ）
22. 劳动力市场既是有形的，又是无形的。 （ ）
23. 矩阵式结构一般适合于流程型材料生产企业。 （ ）
24. 非正式组织是自发形成的，因而对正式组织不会产生积极作用。 （ ）
25. 在协作系统中，组织起着核心作用。 （ ）
26. 个人对组织的共同目标做出贡献，是因为组织的目标就是他个人的目标。 （ ）
27. 劳动者在单位时间内生产合格产品的数量是产量定额。 （ ）
28. 工作规范是以书面形式说明工作中的活动及其工作条件。 （ ）
29. 劳动定额统计的内容包括工时利用情况统计、劳动定额完成情况统计。 （ ）
30. 工作分析就是收集信息，编写工作描述和工作规范的过程。 （ ）

(二) 单项选择题（下列每题的选项中，只有1个是正确的，请将其代号填在横线空白处）

1. ________的优点是能够直接获得第一手资料。

A. 工作实践法　　B. 观察法

C. 访谈法　　D. 工作日志法

2. 下列________组织形式适用于产品品种多而且变化大的企业或以开发与科学实验研

究为主的单位。

A. 直线型　　B. 职能型

C. 直线—职能型　　D. 矩阵型

3. 需要一个人完成的一项或多项任务组成的活动，称为________。

A. 职责　　B. 任务　　C. 工作　　D. 职业

4. ________指的是不同组织、不同时间从事相似活动的一系列总称。

A. 职责　　B. 任务　　C. 工作　　D. 职业

5. 组织结构模式主要有五种形式，较适应大型企业的是________。

A. 事业部型和直线型　　B. 直线型

C. 矩阵型　　D. 事业部型

6. ________是为了减少工作量而采用的计算方法，适合于生产比较稳定，品种比较少，大批量生产的单位。

A. 标准法　　B. 汇总法　　C. 倒算法　　D. 分析法

7. 人力资源管理的前提是________。

A. 组织设计　　B. 战略规划

C. 工作分析　　D. 绩效评估

8. 岗位名称包括岗位名称、岗位所属部门、岗位等级、________等内容。

A. 岗位编号　　B. 岗位说明

C. 岗位评价与分级　　D. 说明书编写日期

9. 清晰、具体、________是工作说明书必备的特点。

A. 详尽　　B. 可执行

C. 通俗易懂　　D. 简明扼要

10. 协作意愿的必要前提是________。

A. 信息联系　　B. 组织设计　　C. 激励措施　　D. 共同的目标

11. 组织的________是组织存在的必要条件。

A. 效率　　B. 效能　　C. 效力　　D. 效果

12. 矩阵型组织结构是按________进行生产经营管理的。

A. 任务需求　　B. 人员结构

C. 岗位体系　　D. 分权管理

13. 劳动力市场价格的基础是________。

A. 供求关系　　B. 劳动力价格

C. 劳动力价值　　D. 价格机制

14. 宏观劳动力配置是在________基础上，将劳动力安排到各个部门、地区、行业的职业劳动岗位，使之与物质资源结合，与经济、社会发展协调形成现实的生产力。

A. 劳动力结构分析　　B. 劳动力素质分析

C. 劳动力数量分析　　D. 劳动力效益分析

15. 下列关于正式组织和非正式组织的叙述中，不正确的是________。

A. 前者是经过人为筹划设计而形成的，后者是自发形成的

B. 组织成员形成非正式组织的心理需要，都是正式组织所不能满足的

C. 两者都有明确的组织目标

D. 非正式组织对于正式组织的影响具有两面性

16. ________是指分析人员亲自从事所需要研究的工作，由此掌握工作要求的第一手材料。

A. 观察法　　B. 工作实践法

C. 访谈法　　D. 工作日志法

17. 下列工作分析方法中，不适用于需要进行大量训练和危险的工作是________。

A. 工作实践法　　B. 观察法

C. 关键事件技术　　D. 工作日志法

18. ________的特点是能够比较清楚地揭示工作的动态性质。

A. 工作实践法　　B. 观察法

C. 关键事件技术　　D. 工作日志法

19. ________在调节劳动力供求关系中起重要作用。

A. 劳动力　　B. 用人单位　　C. 工资　　D. 社会因素

20. 劳动力市场是指以________为基础性方式对劳动力资源进行配置和调节的经济关系。

A. 竞争机制　　B. 价格机制

C. 市场机制　　D. 制度机制

21. 微观劳动力配置是指________。

A. 国内劳动力市场　　B. 企业外部劳动力市场

C. 企业内部劳动力市场　　D. 企业内部和外部劳动力市场

22. 事业部型结构遵循的主要原则是________。

A. 集中决策，分散投资　　B. 集中决策，分散经营

C. 组织结构服从战略　　D. 以成果为中心

23. ________是指比较充分地利用劳动力市场进行各类劳动力的流动，通过流动使企业的劳动力需求得到满足。

A. 美国式配置　　B. 日本式配置

C. 国际式配置　　D. 中国式配置

24. ________是通过对岗位或与本岗位有关的员工的劳动过程中的各类行为的充分记录，获取足够信息之后，归纳岗位的特征和对员工的要求的工作分析方法。

A. 观察法　　B. 面谈法

C. 工作日志法　　D. 关键事件技术

25. 国际劳工组织第 138 号《准予就业最低年龄公约》规定最低就业年龄为________周岁。

A. 12　　B. 14　　C. 16　　D. 18

26. 以下关于问卷调查法的说法中，不正确的是________。

A. 可以快速得到所需资料　　B. 设计成本低

C. 资料可以数据化　　D. 抽样样本量可以比较大

27. 早期企业结构往往是________。

A. 直线型　　B. 职能型　　C. 直线—职能型　　D. 事业部型

28. 当劳动力供大于求时，________。

A. 价格上升，供给增加　　B. 价格上升，供给减少

C. 价格下降，供给增加　　D. 价格下降，供给减少

29. 适用于产品简单，规模较小，技术工艺单一的企业的组织结构形式是________。

A. 直线型　　B. 职能型

C. 直线—职能型　　D. 矩阵型

30. ________是企业组织发展战略或者经营战略的重要组成部分。

A. 人力资源管理　　B. 人力资源战略

C. 人力资源规划　　D. 人力资源开发

31. 以下说法不正确的是________。

A. 人力资源规划服务于人力资源战略

B. 人力资源规划是人力资源计划的具体实施方案

C. 人力资源规划是根据人力资源发展战略编制的

D. 人力资源计划往往以年度计划的形式表现出来

32. 职业是以________为依据所做的划分。

A. 劳动工作内容　　B. 劳动工作方式

C. 劳动工作要求　　D. 劳动产品种类

33. 产业和行业是以________为依据所做的划分。

A. 劳动产品数量　　B. 劳动产品种类

C. 劳动工作内容　　D. 劳动工作方式

34. 劳动力市场组织者是________。

A. 用人单位　　B. 企业

C. 劳动力市场机构　　D. 个人

35. 劳动年龄的上限指的是最高就业年龄，男性一般为________岁，女性一般为________岁。

A. 60　50　　B. 60　55　　C. 65　60　　D. 65　55

36. 以下有关现代人力资管理与传统人事管理的区别不正确的是________。
A. 前者以人为中心，后者以事为中心
B. 前者视员工为有价值的重要资源，后者视员工为成本负担
C. 前者内容丰富，后者内容简单
D. 两者都满足员工自我发展的需要和组织长远利益的实现
37. ________往往适用于跨行业产品类别、跨地区生产经营的公司。
A. 直线型组织结构　B. 直线职能型组织结构
C. 矩阵型组织结构　D. 事业部型组织结构
38. 劳动力市场按照________划分，分为公务员、技术人员、普通劳动力市场。
A. 职业（工种）　B. 产业范围
C. 市场的竞争自由度　D. 职业对劳动力的素质要求
39. 影响劳动力市场价格上下波动的主要原因是________。
A. 价格机制　B. 竞争机制
C. 劳动力供求关系　D. 劳动力价值

（三）多项选择题（下列每题的选项中，至少有2个是正确的，请将其代号填在横线空白处）

1. 公司内部组织的类型可分为________。
A. 直线型　B. 职能型　C. 直线—职能型
D. 事业部型　E. 矩阵型
2. 常用的工作分析信息收集方法包括________。
A. 工作实践法　B. 观察法　C. 访谈法　D. 问卷调查法
3. 劳动定额的基本表现形式有________。
A. 工时定额　B. 看管定额　C. 服务定额
D. 产量定额　E. 消耗定额
4. 劳动力流动的机制由________组成。
A. 供求机制　B. 竞争机制　C. 价格机制　D. 劳动机制
5. 从结构功能上看，一套典型的人力资源管理信息系统分为________。
A. 基础数据层　B. 业务处理层　C. 决策支持层D. 信息管理层
6. 产品实耗总工时的统计方法有________。
A. 汇总法　B. 测算法　C. 标准法　D. 倒算法
7. 劳动力市场是由________等因素构成的。
A. 劳动力　B. 工资
C. 劳动力市场组织者　D. 用人单位
8. 用人单位包括________。
A. 企事业单位　B. 党政机关　C. 社会团体　D. 个体工商户

9. 组织的基本要素是________。

A. 协作的意愿 B. 工作分析 C. 共同的目标 D. 信息联系

10. 劳动定额统计方法包括________。

A. 产品实耗工时统计 B. 完成劳动定额情况统计

C. 劳动关系统计 D. 工时利用情况统计

11. 岗位之间的工作关系包括________。

A. 对上级的汇报关系 B. 同级的协作关系

C. 晋升发展路线 D. 沟通协调的渠道

12. 劳动力市场内容包括________、劳动立法、职业培训、职业咨询、职业安全卫生以及对特殊群体劳动者的保护。

A. 劳动契约 B. 劳动就业 C. 工资分配 D. 社会保障

13. 工作分析的过程包括________。

A. 收集信息 B. 编写工作日志

C. 编写工作描述 D. 编写工作规范

14. 建立人力资源管理信息系统必须遵循的原则有________。

A. 根据实际情况选择系统管理手段

B. 系统要能够为管理服务

C. 系统要适应企业的发展变化

D. 采用市面上最先进的系统管理技术

15. 下列属于宏观劳动力配置的是________。

A. 劳动力的地区配置 B. 劳动力的部门配置

C. 劳动力的行业配置 D. 劳动力的职业配置

16. 劳动力市场配置必须遵循的原则有________。

A. 公平竞争原则 B. 保护儿童原则

C. 最高工资原则 D. 非歧视原则

17. 关于企业信息系统的说法，正确的是________。

A. 人们可以在多个地方同时获得一种信息

B. 普通员工可以做专家水平的工作

C. 企业可以同时获得集权和分权的好处

D. 企业派出人员无论何时何地都能与企业保持密切的联系

18. 企业使用人力资源信息系统可以________。

A. 提高企业人力资源管理的效率

B. 提高企业人力资源管理的精确度并支持决策

C. 增强企业员工的组织认同感

D. 降低企业管理成本

19. 非正式组织对正式组织的积极作用有________。
   A. 具有促进信息传递的功能
   B. 具有维护正式组织内部团结的机能
   C. 具有保护个人人格的机能
   D. 具有保护个人自尊心的机能
20. 劳动力市场类型按照职业（工种）划分，分为________。
   A. 职业经理人　　B. 驾驶员　　C. 保洁员　　D. 教师

（四）实务操作题

实务操作第 1 题

背景描述 1：

一个企业要有效地进行人力资源开发与管理，一个重要的前提就是要了解各种工作的特点以及能胜任各种工作的人员的特征，这就是工作分析的主要内容。

所谓工作分析，是对某特定的工作做出明确规定，并确定完成这一工作需要有什么样的行为的过程。工作分析主要由工作描述和职务要求组成。

背景描述 2：

李强是新华公司人力资源部负责人力资源规划与招聘的主管。随着公司的进一步发展，最近公司要重新审定各工作岗位的工作分析。李强知道这并不是一件轻松的事情。工作分析是一个全面的评价过程，分为四个阶段：准备阶段、调查阶段、分析阶段和完成阶段。所以，李强决定先进入第一个阶段：准备阶段。于是，李强吩咐他手下的人事员王昀把准备阶段需要做的事项列出来。

操作要求：

1. 帮助王昀列出准备阶段所需做的事情。
2. 写出"人事员"的工作描述和职务要求主要内容。

实务操作第 2 题

背景描述 1：

环境的复杂化和多样性对企业的成长过程产生影响，也影响着内部组织的演化过程。相应地，组织结构也是多样的，用以适应不同的环境和组织。

背景描述 2：

随着技术更新和竞争的加剧，某企业组织机构由原先比较典型的直线—职能型组织形式转变为事业部型组织结构形式。

操作要求：

与企业原来的直线—职能型相比，新的事业部型组织结构形式具有哪些优点和缺点？

实务操作第 3 题

背景描述 1:

直线—职能型组织结构是一种以直线型组织结构为基础，在厂长（经理）领导下设置相应的职能部门，实行厂长（经理）统一指挥与职能部门参谋、指导相结合的组织结构形式。

背景描述 2:

恒远证券公司实行经理负责制，由总经理张辉负责，设有副总经理 2 名。公司共设有人事行政部、战略管理部、财务部、经纪业务部、资产管理部、信息研究中心、客户服务中心及 9 家证券营业部等部门。

操作要求:

请结合恒远证券公司的情况，绘制出它的组织结构图。

实务操作第 4 题

背景描述 1:

人力资源供给预测是确定企业是否能够保证员工具有必要的能力以及员工来自何处的过程。技能清单是企业进行内部人力资源供给预测时常用的一种方法，它实际上是一个反映员工工作能力特征的列表，这些特征包括培训背景、工作经历、资格认证、工作能力评价等。技能清单是对员工竞争力的一个反映，可以用来帮助人力资源部门的计划人员估计现有员工调换工作岗位的可能性大小，及决定哪些员工可以补充企业当前的空缺。

背景描述 2:

BBF 公司是一家国内大型门户网站，由于这两年业内竞争激烈，人才竞争也日益白热化，公司的人员流动相对比较大。上个星期，公司的技术主管王利离职，总经理叶志强根据目前的情况决定从技术部内部人员中选拔一名员工，晋升其为部门主管。于是，叶志强要求人力资源部尽快提交一份技术部员工工作情况的书面报告。

操作要求:

结合 BBF 公司技术部的情况，设计一个技能清单。

实务操作第 5 题

背景描述 1:

人力资源规划的依据是对企业人力资源需求的分析，具体体现为对不同职务任职人员的需求。因此，工作分析是整个人力资源管理的基础。搞好工作分析是进行企业制定合理科学的人力资源规划的基础。工作分析包括工作描述和职务要求。

背景描述 2:

新辉公司是大亚集团旗下的一家餐饮企业，刚刚成立一年多，许多工作都有待进一步完善。公司老总方旭一直以来都对公司的人力资源管理工作非常不满意。为此，方旭对公司人力资源部进行了人事调整。首先，将人事主管张杰调到了行政部，负责后勤等工作。张杰今年 45 岁，高中文化程度，在集团服务已经近 20 年了，属于集团总部下派人员。工作出色的职员李强被提升为人事主管后，决定首先从公司的岗位描述开始，他吩咐办事员杨洋先起草一份。

操作要求：

1. 结合你工作的情况，帮助杨洋编写一份“人事员”的工作描述。

2. 结合你工作的情况，帮助杨洋编写一份“人事员”的职务要求。

四、单元测试题答案

（一）判断题

1. √ 2. √ 3. × 4. × 5. √ 6. √ 7. × 8. √ 9. × 10. √ 11. √ 12. √ 13. √ 14. √ 15. √ 16. √ 17. × 18. × 19. √ 20. × 21. × 22. √ 23. × 24. × 25. √ 26. × 27. √ 28. × 29. √ 30. √

（二）单项选择题

1. D 2. D 3. A 4. D 5. A 6. C 7. C 8. D 9. D 10. D 11. C 12. A 13. C 14. A 15. C 16. B 17. A 18. C 19. C 20. C 21. C 22. B 23. A 24. D 25. B 26. B 27. A 28. D 29. A 30. B 31. B 32. B 33. B 34. C 35. B 36. D 37. D 38. D 39. C

（三）多项选择题

1. ABCDE 2. ABCD 3. ABCD 4. ABC 5. ABC 6. ACD 7. ABCD 8. ABCD 9. ACD 10. ABD 11. ABCD 12. ABCD 13. ACD 14. ABC 15. ABCD 16. ABD 17. ABCD 18. ABCD 19. ABCD 20. ABCD

（四）实务操作题

实务操作第 1 题

1. 准备阶段是工作分析的第一个阶段，主要任务是了解情况，确定样本，建立关系，组成工作小组。准备阶段需要做的事情主要有：

（1）明确工作分析的意义、目的、方法和步骤。

（2）向相关人员宣传、解释。

（3）与相关人员建立良好的人际关系，并帮助他们做好心理准备。

（4）建立工作小组，以精简、高效为原则。

（5）确定调查和分析对象的样本，同时考虑样本的代表性。

（6）分解工作，确定工作的难度。

2. 人事员的工作描述应该包括以下 5 个方面的内容：

（1）职务名称；（2）工作活动和工作程序；（3）工作条件和物理环境；（4）社会环境；（5）聘用条件：包括工作时数、工资结构、支付工资的方法、福利待遇等。

（答案的具体细节可以有差别，但这5个方面必须包括。）

人事员的职务要求，主要是说明人事员所必须具备的生理要求和心理要求。主要包括：

（1）一般要求。如年龄、性别、学历、工作经验等。

（2）生理要求。如健康状况、体力、运动的灵活性、感觉器官的灵敏度等。

（3）心理要求。如观察能力、集中能力、记忆能力、理解能力、学习能力、解决问题的能力等。

（答案的具体细节可以有差别。）

实务操作第2题

1. 优点

（1）权力下放，有利于最高管理层摆脱日常行政事务，集中精力于外部环境的研究，制定长远的、全局性的发展战略规划。

（2）事业部主管能自主处理日常工作，有助于加强其责任感，发挥其经营管理的主动性和创造性，提高企业经营的适应能力。

（3）事业部可集中力量从事某一方面的经营活动，实现高度专业化，整个企业可以容纳若干经营特点有很大差别的事业部，形成大型联合企业。

（4）各事业部经营责任和权限明确，物质利益与经营效益紧密挂钩。

2. 缺点

容易造成组织结构重叠，管理人员膨胀现象；各事业部独立性强，考虑问题时容易忽视企业整体利益。

实务操作第3题

恒远证券公司的组织结构图：

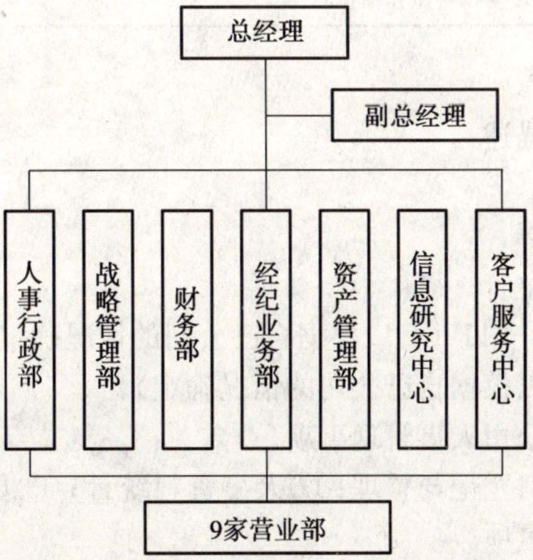

实务操作第 4 题

技能清单是一个反映员工工作能力特征的列表，这些特征应该包括培训背景、工作经历、资格认证、工作能力评价等。具体如下：

BBF 公司技术部员工技能清单

姓名＿＿＿＿＿＿＿＿＿＿＿＿　　　　岗位＿＿＿＿＿＿＿＿＿＿＿＿

到职日期：	出生年月：	婚姻状况：	工作职称：	
教育背景	类别	学校	毕业日期	主修科目
	大学			
	硕士			
	博士			
培训情况	培训内容	培训机构	培训时间	
个人技能	具体内容	证书		
志向	你是否愿意担任其他类型的工作？	是	否	
	你是否愿意承担更多的责任？	是	否	
	你是否愿意接受工作轮换以丰富工作经验？	是	否	
如果可能选择，你愿意从事哪种工作？				
你认为目前最需要接受何种培训？				
你认为自己现在可以接受哪种工作指派？				

实务操作第 5 题

1. “人事员”的职务描述

职务名称：人事员。

所属部门：人力资源部。

直接上级职务：人事主管。

职务代码：XH—HR—011（可以根据自己公司的情况确定）。

工资等级：5～7（可以根据自己公司的情况确定）。

工作目的：负责处理公司人事管理事项。

工作职责：①人事资料登记与整理；②人事资料统计；③员工请假、考勤管理；④办理劳动保险以及员工福利事项。

衡量标准：①人力资源资料的完整性；②公司其他员工对其工作的反馈意见。

工作难点：资料的及时更新。

职业规划：人事主管。

任职资格：

（1）工作经验。1年以上相关工作经验。

（2）专业背景要求。最好有人力资源相关知识。

（3）学历要求。专科以上。

（4）年龄要求。22岁以上。

（5）个人素质。积极热情，善于与人交往，待人公平。英语四级。熟练使用计算机进行文字处理。

2.“人事员”职务资格要求

职务名称：人事员。

所属部门：人力资源部。

直接上级职务：人事主管。

职务代码：XH—HR—011（可以根据自己公司的情况确定）。

工资等级：5～7（可以根据自己公司的情况确定）。

（1）生理要求

年龄：22～35岁。

身高：女性1.55米以上，男性1.70米以上。

体重：体重与身高的比例在合理的范围内均可。

听力：正常。

视力：矫正视力正常。

健康状况：无残疾、无传染病。

外貌：无畸形，出众更佳。

声音：普通话发音标准。

（2）知识技能要求

1）学历要求。专科以上。

2）工作经验。1年以上相关工作经验。

3）专业背景要求。最好有人力资源相关知识。

4）英语水平。国家四级水平。

5）计算机。能熟练使用MS office系列。

（3）综合素质

1）有良好的职业道德，能够保守公司的人事秘密。

2）有较好的人际沟通能力。

3）工作认真细心，为人正直，责任心强。

2

第 2 单元

招聘与配置

一、学习要求

通过本单元的培训，学员应该对招聘与配置工作具有较为全面的认识，对招聘准备工作，包括制定招聘流程，招聘需求信息的收集、整理与发布有比较清晰的认识；学习并掌握初步筛选的方法和技巧、面试的实施技巧；掌握校园招聘的步骤、误区、录用等；掌握员工信息管理的内容以及员工信息的收集与整理。

二、职业技能鉴定考核要点

鉴定范围	鉴定点	重要程度
招聘准备	招聘工作概述	★★
	招聘工作的基本流程	★★
	招聘需求信息的收集、整理与发布	★★
招聘实施	招聘的准备工作	★★★
	招聘应届毕业生的步骤	★★
	员工的录用	★★★
员工信息的管理	员工信息管理的作用和内容	★
	员工信息的收集与整理	★★

三、单元测试题

（一）判断题（下列判断正确的请打“√”，错误的打“×”）

1. 人员选拔是招聘过程中难度最大的环节。（ ）
2. 招聘工作要有组织性，因此只能在固定时间进行这项工作。（ ）
3. 新补充人员的素质不会影响到整个组织的气氛。（ ）
4. 一般而言，招聘是比较困难的一项工作。（ ）
5. 能否留住员工部分取决于招聘过程中的有效选择。（ ）
6. 工作描述和工作规范为录用提供了参考依据。（ ）
7. 招聘工作不需要进行评估。（ ）
8. 在招聘过程中，用人单位有义务向应聘者介绍自己组织的真实情况。（ ）
9. 在招聘过程中，用人单位不能有意地向应聘者介绍组织的不利方面。（ ）
10. 复试应该由人力资源部门经理主持。（ ）
11. 人员安排标志着员工被正式录用。（ ）

12. 招聘评估是招聘基本程序中必不可少的环节。 （ ）
13. 招聘评估内容不包括招聘方法的成效评估。 （ ）
14. 准确及时地分析招聘需求信息是确保招聘成功的必要准备工作。 （ ）
15. 通过工作描述可以了解职位工作信息的具体说明。 （ ）
16. 任职资格包括资历、工作经验、学历要求、身体条件等。 （ ）
17. 招聘信息的发布范围越广越好。 （ ）
18. 招聘前不需要搜集竞争对手的情报。 （ ）
19. 简历的重要特点是给了应聘者较大的自由度。 （ ）
20. 应聘申请表的最大优点是结构完整且直截了当。 （ ）
21. 在筛选简历时，注意力应放在主观内容上。 （ ）
22. 在费用与时间允许的情况下，初试工作应坚持面广的原则。 （ ）
23. 一般而言，笔试不能较全面地考察应聘者的工作态度与品德修养。 （ ）
24. 非结构化面试的优点是灵活性高，但因此也带来效率不高的缺点。 （ ）
25. 招聘时不需要考虑求职者的个性特征。 （ ）
26. 招聘时的体检与一般的身体健康检查没有大的区别。 （ ）
27. 一般而言，初步面试类似面谈，比较简单、随意。 （ ）
28. 面试是组织最常用的、也是必不可少的测试手段。 （ ）
29. 非结构化面试缺乏统一的标准，容易带来偏差。 （ ）
30. 招聘人员在招聘时要注意自身的形象。 （ ）
31. 招聘者要大量删去投档者，尽量减少面试人员。 （ ）
32. 招聘人员素质不高也会影响投递简历的人数。 （ ）
33. 面谈是企业招聘甄选工作中误区最多的一个环节。 （ ）
34. 在面试大学生时，压力式面谈是一种非常有效的方式。 （ ）
35. 在通知被录用者方面，最重要的原则是及时。 （ ）
36. 劳动合同是用人单位对员工的基本约束。 （ ）
37. 劳动合同是招聘工作的最后一个环节。 （ ）
38. 员工信息管理是单位全方位考察员工的必要手段。 （ ）
39. 员工信息管理的内容不包括员工个性潜能信息。 （ ）
40. 员工的职位均是按照招聘的要求和应聘者的意愿安排的。 （ ）

（二）单项选择题（下列每题的选项中，只有1个是正确的，请将其代号填在横线空白处）

1. 招聘过程中最关键的、技术性最强的一步是________。
A. 初试　B. 面试　C. 人员选拔　D. 制订招聘计划

2. 人员选拔过程不包括________。
A. 申请资格审查　B. 体检

C. 面试　　D. 绩效分析

3. 下列关于招聘的说法，错误的是________。

A. 招聘质量事关重大　　B. 招聘有很大的随意性

C. 招聘应提供公平竞争的机会　　D. 招聘要保证组织得到高额回报

4. 招聘到的员工，其劳动态度主要取决于________。

A. 劳动技能　　B. 对工作的满意度

C. 知识与学历　　D. 相关工作经验

5. 招聘的根本目的是________。

A. 全面　　B. 竞争　　C. 择优　　D. 公开

6. 下列不符合招聘能级原则的是________。

A. 人尽其才　　B. 用其所长　　C. 职得其人　　D. 必择最优

7. 下列不属于招聘与选择工作的原则是________。

A. 最优原则　　B. 全面原则　　C. 平等原则　　D. 择优原则

8. 招聘工作的________是整个招聘活动的核心。

A. 准备阶段　　B. 实施阶段　　C. 评估阶段　　D. 试用阶段

9. 下列关于招聘的说法中，正确的是________。

A. 人力资源规划是招聘的前提　　B. 准备阶段是招聘工作最关键的阶段

C. 工作规范对应聘者意义不大　　D. 评估阶段是招聘工作最关键的阶段

10. 招聘实施的________环节，招聘者和求职者要做出自己的决策。

A. 人员招聘　　B. 人员选拔　　C. 人员录用　　D. 人员测评

11. ________为应聘者提供了详细的公司信息。

A. 人力资源规划　　B. 公司简介

C. 工作描述和工作规范　　D. 应聘申请表

12. 招聘实施阶段不包括________。

A. 人员招聘　　B. 人员选拔　　C. 人员录用　　D. 招聘评估

13. 招聘工作流程不包括________。

A. 发布招聘信息　　B. 应聘人员申请

C. 薪酬设计　　D. 正式录用

14. ________指通过考试和考核鉴别，确定人员的优劣和人员的取舍。

A. 公开原则　　B. 平等原则　　C. 竞争原则　　D. 择优原则

15. 下列关于招聘中体检的说法中，正确的是________。

A. 为避免歧视，可省略这项流程

B. 与一般身体健康检查相同

C. 与一般身体健康检查不同

D. 不包括身体运动能力测试

16. 下列关于“工作真实情况介绍”的说法中，正确的是________。

A. 要求介绍组织有利和不利的两面

B. 必须在进行工作安排后进行

C. 要求只介绍组织有利的一面

D. 要求只介绍组织不利的一面

17. 下列关于招聘流程的说法中，错误的是________。

A. 人员选拔是招聘实施的关键环节

B. 试用期内，也要确定人员的工作标准

C. 人员安排是人员试用的开始

D. 招聘评估是可有可无的

18. 下列关于招聘需求信息发布的说法中，错误的是________。

A. 招聘信息应尽早向外发布

B. 信息发布渠道也包括随意传播的方式

C. 信息发布范围由招聘对象范围决定

D. 信息发布范围越广越好

19. 招聘评估的内容不包括________。

A. 招聘成本评估　　B. 招聘效益评估

C. 招聘质量评估　　D. 员工绩效评估

20. 通过________可以明确具体什么样条件的人才能担任此项工作。

A. 空缺职位　　B. 任职资格　　C. 工作描述　　D. 工作内容

21. ________是对应聘者是否符合职位基本要求的审查，从而选出参加后续选拔的人员。

A. 资格审查　　B. 面试　　C. 压力面试　　D. 笔试

22. 下列不属于个人简历优点的是________。

A. 开放式，体现应聘者的个性　　B. 易于评估

C. 允许应聘者点缀自己　　D. 费用较小

23. 下列不属于应聘申请表缺点的是________。

A. 制作费用较贵　　B. 封闭式

C. 难以评估　　D. 限制创造性

24. 下列关于筛选简历的说法中，错误的是________。

A. 简历没有固定统一的格式　　B. 筛选简历时应更注重主观内容

C. 筛选简历不能优柔寡断　　D. 要注意简历的逻辑性

25. 下列属于简历中主观内容的是________。

A. 受教育经历　　B. 工作经历

C. 本人开朗乐观　　D. 个人信息

26. 筛选申请表的特殊性不包括________。
A. 判断应聘者的态度　　B. 关注与职位有关的问题
C. 注明可疑之处　　D. 初选工作应坚持面广的原则

27. 下列不适合用笔试方法进行测评的是________。
A. 企业管理能力　　B. 智商
C. 数字才能　　D. 理解速度

28. 下列不能提高笔试有效性的是________。
A. 保证命题恰当　　B. 试题要以考核文化程度为主
C. 明确评分标准　　D. 要严格成绩复核制度

29. ________的目的在于组织与应聘者双方补充深层次的信息。
A. 初步面试　　B. 诊断面试
C. 结构面试　　D. 非结构化面试

30. 关于初步面试的说法，正确的是________。
A. 应被视为正规考试　　B. 高层领导也参与面试
C. 目的在于了解应聘者的应变能力　　D. 类似于面谈，较随意

31. 关于结构化面试的说法，正确的是________。
A. 难以比较分析　　B. 谈话方式过于程式化
C. 主观性太强　　D. 不利于提高面试效率

32. 非结构化面试的缺点是________。
A. 难以随机应变　　B. 收集的信息范围受限
C. 容易带来偏差　　D. 减少主观性

33. 下列________不适合用压力面试的方法面试。
A. 销售人员　　B. 公关人员
C. 高级管理人员　　D. 企业基层人员

34. 在需要________的情况下，适合采用压力面试。
A. 了解应聘者情绪调整能力　　B. 了解应聘者的学历
C. 判断应聘者的知识面　　D. 了解应聘者的表达能力

35. 下列关于面试环境的说法，正确的是________。
A. 面试环境不适宜营造宽松氛围
B. 考官必须与应聘者面对面相视而坐
C. 轻松幽默的开场白是绝对不允许的
D. 面试的环境必须是安静的

36. 通常背景调查的主要内容不包括________。
A. 教育状况　　B. 工作经历
C. 个人品质　　D. 家庭背景

37. 组织在聘请调查代理机构进行背景调查时要遵循________。

A. 应调查应聘者全方面的情况　　B. 重视主观内容的调查核实

C. 淡化或忽略应聘者的性格　　D. 要随机选择“第三者”

38. 关于文凭证书的说法，错误的是________。

A. 文凭只是招聘录用的参考　　B. 应聘者的资格证书越多越好

C. 文凭代表一个人受教育的程度　　D. 与文凭相对应的是学识和能力

39. 下列说法中正确的是________。

A. 简历能够代表本人　　B. 学历比工作经历重要

C. 求职者的个性特征是不重要的　　D. 应让应聘者更多地了解公司

40. 下列属于笔试中误区的是________。

A. 不应单独依据笔试成绩来取舍　　B. 试题要重点考察记忆力

C. 试题难易程度要适中　　D. 题目要根据职位需要来设计

41. ________是招聘工具中效率最高、最频繁使用的一个环节。

A. 面试　　B. 试用　　C. 压力面试　　D. 笔试

42. 下列不属于校园招聘面谈中误区的是________。

A. 招聘者无法胜任招聘工作　　B. 不切实际的自夸

C. 滥用压力式面谈　　D. 应多提问一些相关行为描述的问题

43. 试用期内劳动合同的内容不包括________。

A. 试用的职位　　B. 试用的期限

C. 员工在试用期内应享受的权利　　D. 员工转正的日期

44. 员工的历史状况信息不包括________。

A. 履历材料　　B. 自传材料　　C. 考核材料　　D. 鉴定材料

45. 下列关于聘任期的说法中，错误的是________。

A. 聘任期越长，员工队伍越稳定

B. 对关键岗位员工，聘任期适当短一些

C. 聘任期太长，易使部分员工不思进取

D. 对一般岗位员工，聘任期适当短一些

（三）多项选择题（下列每题的选项中，至少有2个是正确的，请将其代号填在横线空白处）

1. 人员招聘任务提出的情况有________。

A. 业务扩大，人手不够　　B. 人员退休出现职位空缺

C. 新组建一个企业　　D. 做出工作计划之后

E. 需要补充短缺人才

2. 人员选拔与招聘的意义包括________。

A. 招聘质量事关重大　　B. 保证组织得到高效回报

C. 降低员工的辞职率　　D. 提供公平竞争的机会

E. 降低员工的辞退率

3. 招聘与选拔工作的原则包括________。

A. 公开原则　　B. 竞争原则　　C. 能级原则

D. 全面原则　　E. 最优原则　　F. 择优原则

4. 招聘工作的前提是________。

A. 人力资源规划　　B. 绩效考核　　C. 工作规范

D. 淘汰员工　　E. 工作描述

5. 招聘的实施阶段包括________。

A. 人员招聘　　B. 招聘准备　　C. 人员录用

D. 人员选拔　　E. 招聘评估

6. 人员招聘的全面原则指对应聘人员从________进行全面考试、考核和考察。

A. 品德　　B. 知识　　C. 能力

D. 心理　　E. 工作经验　　F. 智力

7. 招聘准备阶段要注意________。

A. 人员招聘的原则　　B. 明确招聘职位的工作特征

C. 人员录用的技术　　D. 招聘需求信息分析

E. 拟订招聘计划

8. 下列关于招聘的说法中，错误的是________。

A. 招聘是比较复杂的工作

B. 招聘员工时，一定都选最优秀的

C. 人员选拔是招聘实施的关键环节

D. 择优是招聘的根本要求

E. 招聘评估是可有可无的

9. 招聘需求信息发布的原则包括________。

A. 面广原则　　B. 及时原则　　C. 公平原则

D. 层次原则　　E. 随机原则

10. 招聘需求信息发布的渠道可以是________。

A. 报纸　　B. 互联网　　C. 人才招聘会

D. 海报　　E. 杂志

11. 应聘申请表的优点包括________。

A. 直截了当　　B. 易于评估

C. 允许应聘者点缀自己　　D. 体现应聘者的个性

E. 结构完整

12. 个人简历的缺点包括________。

A. 封闭式　B. 允许应聘者略去某些东西
C. 难以评估　D. 限制应聘者的创造性
E. 制作费用较贵

13. 招聘人员应从________几方面筛选简历。
A. 分析简历结构　B. 重点看客观内容
C. 审查简历的逻辑性　D. 简历的整体印象
E. 判断是否符合技术和经验要求

14. 下列________方面适合通过笔试对应聘者进行测评了解。
A. 数字才能　B. 推理能力
C. 性格兴趣　D. 观察能力
E. 管理知识

15. 招聘时应注意的问题有________。
A. 给应聘者更多的表现机会　B. 应聘者的个性特征不容忽视
C. 简历不能全面反映本人　D. 学历是第一位的
E. 面试安排要周到

16. 校园招聘时筛选应聘材料的误区有________。
A. 过分看重专业　B. 过分看重学历
C. 歧视现象　D. 过分看重分数
E. 盲目删去太多投档者

17. 面谈中应避免的误区包括________。
A. 招聘者无法胜任招聘工作　B. 要向应聘者如实反映企业境况
C. 面谈内容要明确　D. 应尽可能采用压力式面谈
E. 不切实际地自夸

18. 员工录用的事宜包括________。
A. 决定录用人员　B. 劳动合同的签订
C. 员工的初始安排　D. 试用
E. 评估录用结果

19. 员工信息管理的内容包括________。
A. 员工历史状况信息　B. 员工现状信息
C. 员工兴趣特长信息　D. 员工自传材料
E. 员工政治历史问题材料

20. 员工信息管理的作用有________。
A. 单位全方位考察员工的必要手段　B. 为单位的人力资源规划提供资料
C. 方便裁员　D. 为单位处理员工问题提供依据
E. 维护企业文化

（四）实务操作题

实务操作第 1 题

背景描述 1：

员工招聘是获取人力资源的具体体现，是按照企业经营战略规划、人力资源规划的要求将合适的人员招聘到企业，安置在合适的岗位上，这直接关系到企业的生存。选聘员工的途径有两种：内部招聘和外部招聘。内部招聘通常采用工作公告、人事记录、人员技能库、工作指标等方法。

背景描述 2

上海贝乙电子有限公司是一家拥有 3 500 名职工的大型电子生产企业，公司下设 4 个事业部，6 个营销大区。根据总体发展战略，公司今年将重点推出新产品 DSL 与 CPE。总部设在南京的第 5 营销大区现急需相关的技术支持工程师 5 名，以配合公司的业务拓展。由于今年电子行业不景气，公司决定对新增岗位采取内部招聘的形式进行招聘。公司人力资源总部立刻通过公司内部网将现有工作空缺的消息通报给公司员工。

操作要求：

1. 根据上海贝乙电子有限公司的情况设计一个工作公告。
2. 作为人力资源专业人士，你认为使用工作公告应该注意什么问题？

实务操作第 2 题

背景描述 1：

招聘广告是企业发布招聘信息的主要途径，企业以广而告之的形式将需要用工的信息发布出去。招聘广告的传播媒体可以是报纸、杂志、广播电视、互联网、宣传单等。

背景描述 2：

上海锦昌管理咨询公司是一家民营企业，主要从事各项管理咨询业务，下设市场调研部、管理咨询部、财务咨询部、人力资源部、财务部等部门。程飞和林哲分别是市场调研部和财务咨询部的经理，两人的工作能力深得公司总经理李丽的器重。根据目前公司的发展情况，李丽有意将公司业务进一步拓展，决定在北京开设分公司，特派程飞和林哲到北京组建新公司。故此，上海总部需要招募新的市场调研部经理和财务咨询部经理。

操作要求：

1. 根据招聘广告设计的原则，设计一份市场调研部经理和财务咨询部经理的招聘广告。

2. 很快，上海锦昌管理咨询公司就收到了近百份应聘资料。经过筛选，人力资源部通知了 25 名应聘者前来公司面试。在面试前需要填写一份应聘人员信息表，请你帮助他们设计一份应聘人员信息表。

实务操作第3题

背景描述1：

一个完整的招聘过程应该包括评估阶段。通常以招聘小结的形式来最后反映出招聘评估的结果。在撰写招聘小结时，应该遵循真实的原则进行，指出招聘的成败之所在，吸取经验教训。通常，招聘小结必须涉及以下内容：招聘计划、招聘进程、招聘结果、招聘经费和招聘评定。

背景描述2：

上海实业有限公司因工作需要，于2007年8月向社会公开招聘生产管理部经理1名、营销企划人员3名。由人力资源部副经理周伟负责，相关部门给予配合。从8月5日在一家招聘网站上发布消息开始，两周内就陆续收到应聘者的资料。经过一周的筛选，从28份简历中选出7名生产管理部经理的候选人；从105份简历中拣选出35名营销企划人员候选人。8月26日开始面试，为了确保招聘到优秀人才，公司委托上海英才管理咨询公司进行相应的招聘测评工作。一周后，根据面试结果决定录用李亚辉为生产管理部经理，营销企划人员则只录用了张春和吕晓。9月16日，新员工报到。此次招聘广告发布费15 000元，招聘面试费用20 000元，其他杂费3 500元。

操作要求：

1. 结合上海实业有限公司8月份的招聘活动，请用招聘小结的形式对此次招聘活动进行评估。

2. 上海实业有限公司决定录用李亚辉，请你为他设计一份录用通知书。

实务操作第4题

背景描述1：

面试是企业在员工招聘中常用的一种测评方法，要求被试者用口头语言来回答主试提问，以便了解被试者心理素质和潜在能力。面试可以采取平时面谈、正式面试、随机回答和论文答辩等形式。企业常采用的方法多为正式面试，即在规定的时间和地点，围绕着某一个中心向被试者提出一系列问题，并要求被试者当场以口头的形式回答。

背景描述2：

上海新亚饭店是一家中法合资的涉外旅游饭店，其餐饮部由于业务扩大，需要新增服务人员15名。由于新亚饭店主要客户群是欧洲客人，所以，对服务人员的要求也不同于一般的餐厅服务人员。人力资源部决定这次招聘采取面试的形式进行。

操作要求：

这次面试准备给每个候选人20分钟的时间，询问他们5～8个有关个人情况、服务等方面的问题，请你设计一下这次招聘餐厅服务人员的面试题目。

实务操作第 5 题

背景描述 1：

员工招聘是企业为了发展需要，向外吸收具有劳动能力的个体的全过程。通常情况下，员工招聘的基本程序为：招聘决策、发布信息、招聘测试、人事决策四大步骤。

背景描述 2：

三瑞公司是一家民营网络游戏公司，由于近年来经营有方，加之市场发展空间大，公司的发展前景看好。随着国内游戏市场的不断成熟，竞争者逐渐增多，三大门户网站也有意进入此市场，竞争日益激烈。故此，三瑞公司决定吸纳优秀营销人才，开始向社会公开招聘 15～20 名营销人员。公司主要采用了网上招聘和校园招聘的方法，经过遴选，确定了参加面试的候选人。三轮面试后决定录用徐明、张新亚等 18 名人员，并于 2007 年 4 月 24 日开始工作。新员工按劳动合同规定试用 3 个月。3 个月后 17 人合格，1 人不合格，1 人因个人原因离职，共 16 人正式录用，成为三瑞公司的正式员工。

操作要求：

1. 结合人力资源管理相关理论，你认为完整的招聘流程应该包括哪些步骤？

2. 根据三瑞公司的情况，请画出三瑞公司的招聘流程图。

四、单元测试题答案

（一）判断题

1. √　2. ×　3. ×　4. √　5. √　6. √　7. ×　8. √　9. ×　10. ×　11. ×　12. √　13. ×　14. √　15. √　16. √　17. ×　18. ×　19. √　20. √　21. ×　22. √　23. √　24. √　25. ×　26. ×　27. √　28. √　29. √　30. √　31. ×　32. √　33. √　34. ×　35. √　36. ×　37. √　38. √　39. ×　40. √

（二）单项选择题

1. C　2. D　3. B　4. B　5. C　6. D　7. A　8. B　9. A　10. C　11. C　12. D　13. C　14. C　15. C　16. A　17. D　18. D　19. D　20. B　21. A　22. B　23. C　24. B　25. C　26. D　27. A　28. B　29. B　30. D　31. B　32. C　33. D　34. A　35. D　36. D　37. C　38. B　39. D　40. B　41. A　42. D　43. D　44. C　45. B

（三）多项选择题

1. ABCE　2. ABCDE　3. ABCDF　4. ACE　5. ACD　6. ABCDEF　7. BDE　8. BE　9. ABD　10. ABCDE　11. ABE　12. BC　13. ABCDE　14. ABDE　15. ABCE　16. ABCDE　17. ADE　18. ABCD　19. ABCDE　20. ABD

（四）实务操作题

实务操作第1题

1. 工作公告是最常用的内部招聘的方法。根据上海贝乙电子有限公司的具体情况，招聘技术支持工程师的工作公告如下：

第5营销大区急需技术支持的工作公告

公告日期　2007年12月8日

结束日期　2007年12月20日

应聘岗位　技术支持工程师（售前）

工作部门　第5营销大区

工作地点　南京

工作职责　①向客户介绍DSL与CPE产品的技术应用及相关方案等。
②及时解决客户遇到的技术问题。
③对公司销售人员及客户进行技术培训。
④测试产品，及时、定期与研发人员进行沟通，以便对产品性能等进行改进。
⑤定期提交市场及产品报告。

所需技能　①有独立、准确完成工作的能力。
②有良好的合作能力、沟通能力，较强的组织能力。
③有独立处理问题、解决问题的能力。
④工作积极、自信，乐于助人。

任职资格　①教育程度：本科以上。
②专业背景：计算机或通讯专业。
③年龄：30岁以下。
④性别：男性。
⑤能够经常出差。
⑥英语、计算机良好。

有兴趣者请在规定日期内将个人简历发送到：E-mail：weili@beiyi.com.cn；如有疑问也可致电：分机8611——魏利处咨询。

2. 在使用工作公告进行内部招聘时，应该注意：

至少应在内部招聘前一周发布企业职位空缺信息。

确定保留时间，一般公布时间为1～2周。

收到申请后，应及时给申请者反馈。最好以书面的形式通知申请者。

实务操作第2题

1. 上海锦昌管理咨询公司的招聘广告：

上海锦昌管理咨询公司是一家民营企业，主要从事各项管理咨询业务。因工作需要，经有关部门同意，现向社会公开招聘下列人员：

(1) 市场调研部经理：1名，男性，40岁以下，本科学历以上，具有两年以上相关工作经验，英语熟练。

(2) 财务咨询部经理：1名，男/女，45岁以下，本科学历以上，英语熟练，具有三年以上从事财务工作的经验，有高级职称者优先。

凡符合上述条件者均可应聘，请于十天内（从招聘广告发布当日算起）将本人简历、学历证书复印件及相关证明、一寸近照2张，函寄至：上海市番禺路××号上海锦昌管理咨询公司人力资源部收（邮编：200052）。一经录用，实行劳动合同制。如未被录用，资料恕不退还。

2. 应聘人员信息表应该包括应聘岗位、应聘者姓名、出生年月、最高学历、职称、受教育经历、工作经历、外语水平、专业技能、兴趣爱好等。

上海锦昌管理咨询公司应聘人员信息表

姓名		年龄		性别	
应聘岗位					照片
最高学历		专业			
职称		兴趣爱好			
现工作单位					
受教育经历					
工作经历					
专业特长					
通讯地址					
联系电话					
备注					

实务操作第3题

1. 上海实业有限公司8月份招聘小结

（1）招聘计划。根据公司发展需要，决定向社会公开招聘生产管理部经理1名、营销企划人员3名。

主要由人力资源部副经理周伟负责，招聘面试时其他有关部门负责人给予配合，参与了相关人员的招聘。

（2）招聘进程

1）8月5日在一家专业招聘网站上发布消息。

2）8月5日—16日，应聘者报名登记。

3）8月19日—23日，进行初步筛选。

4）8月26日—30日，招聘面试。

5）9月2日—6日，决定录用名单。

6）9月16日，新员工报到。

（3）招聘结果

1）生产管理部经理应聘者28人，参加招聘面试的7人，录用1人。

2）营销企划人员应聘者105人，参加招聘面试的35人，录用2人。

（4）招聘经费

1）招聘广告发布费15 000元。

2）招聘面试费用20 000元。

3）其他杂费3 500元。

4）合计招聘费用为38 500元。

（5）招聘评定

1）主要成绩：由于此次招聘委托专业机构对应聘者进行了科学测试，录用人员总体素质不错，比较令人满意。

2）不足之处：由于招聘信息只限于在一家专业招聘网站上发布消息，信息发布渠道单一，过于狭窄，使营销企划人员的招募没能按计划完成。

2. 生产管理部经理李亚辉的录用通知书

录用通知

李亚辉先生：

您好！经我公司研究，决定录用您为本公司员工，欢迎您加盟本公司，请您于2007年9月16日9：00时到我公司人力资源部报到。

上海实业有限公司人力资源部

2007年9月6日

报到须知：

①报到时请持录取通知书；②报到时须携带本人2寸近照4张；③须携带身份证、学历学位证书原件和复印件；④指定医院体检表；⑤本公司试用期为3个月；⑥若您不能就职，请于9月13日前告知本公司。

实务操作第4题

(问题设计内容只要涉及应聘动机、职位的胜任程度、对职位的基本态度、特殊场景的处理等问题就可以给分，以下仅供参考。)

上海新亚饭店餐厅服务人员的面试题目：

1. 你怎么想到来此申请工作的？
2. 你认为餐厅服务人员最重要的职责是什么？
3. 在餐厅里，谁最重要？为什么？
4. 你认为餐厅服务人员工作失败的最大原因是什么？
5. 你认为当一个好的服务人员最重要的条件是什么？
6. 你的家人、朋友对你做餐厅服务人员有什么想法？
7. 如果在餐厅里，顾客对你不礼貌，你该怎么办？
8. 为什么有那么多的餐厅服务人员看不起自己的工作？
9. 你认为大家在一起工作如何才能互相关心、友好相处？
10. 如果有一名客人无理取闹，你该怎么办？

实务操作第5题

1. 完整的招聘流程应该包括以下步骤：

(1) 根据人力资源规划，确定招聘的岗位及人数。

(2) 依据岗位说明书，确认招聘岗位的任职资格及招聘选拔的内容和标准。

(3) 确定招聘的方法。主要根据需求的岗位、劳动力市场的情况确定招聘的渠道。

(4) 人力资源部进行招聘宣传及其他准备工作，对招聘信息进行发布。

(5) 收集应聘者资料，并对应聘者资料进行审查。

(6) 确定初试人员名单，并进行面试筛选。

(7) 确定拟录用人员名单。

(8) 对拟录用人员进行背景调查和体检。

(9) 发录用通知。

(10) 报到。试用开始。

2. 三瑞公司的招聘流程图

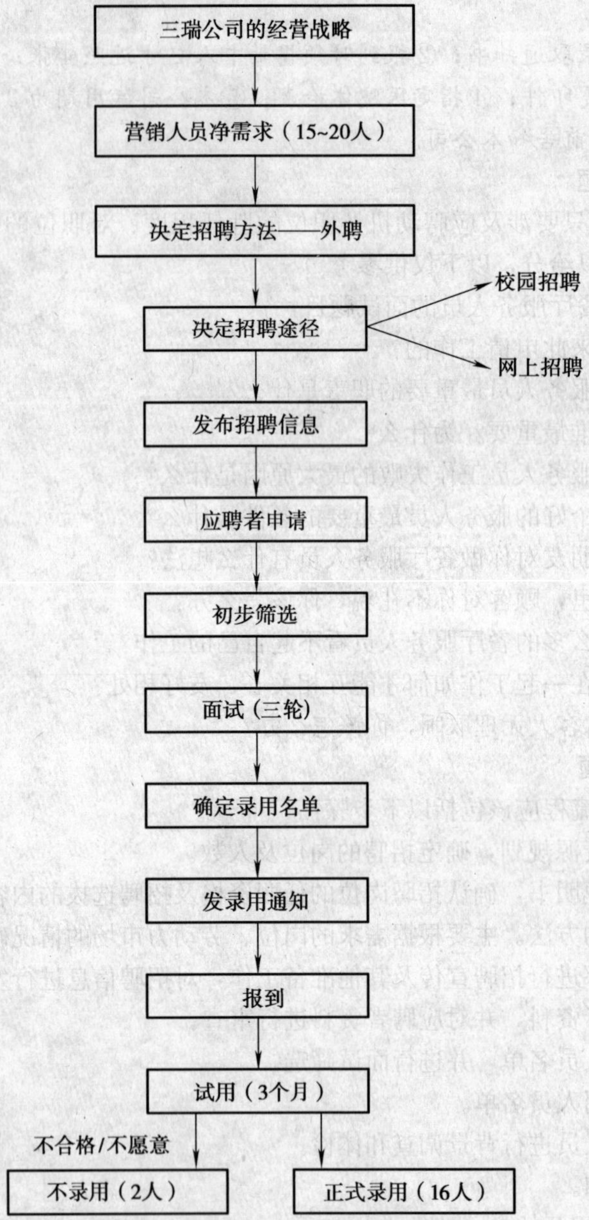
三瑞公司的经营战略
营销人员净需求（15~20人）
决定招聘方法——外聘
决定招聘途径
校园招聘
网上招聘
发布招聘信息
应聘者申请
初步筛选
面试（三轮）
确定录用名单
发录用通知
报到
试用（3个月）
不合格/不愿意
不录用（2人）
正式录用（16人）

3

第 3 单元

培训与开发

一、学习要求

通过本单元的培训，学员应对企业培训与培训制度的建立有个清晰的概念；应充分掌握培训的主要内容、形式、方法等，对员工职业生涯规划开发有个大致的了解；学会分析培训需求、选择培训机构、预算培训经费，并对培训效果进行评估；重点掌握企业两类主要的培训任务：新员工入职培训和常规培训的基本知识。

二、职业技能鉴定考核要点

鉴定范围	鉴定点	重要程度
培训与开发概述	培训与开发概念	★
	培训与开发的主要内容	★★
培训与开发的工作任务	新员工入职培训	★★
	常规培训	★★★

三、单元测试题

（一）判断题（下列判断正确的请打“√”，错误的打“×”）

1. 企业培训与开发的终极目的是使员工获得与工作有关的知识、技能、动机、态度和行为。（ ）
2. 培训针对短期的工作表现，而开发注重长期的个人能力培养。（ ）
3. 培训需求分析是指对员工的学习需求进行分析。（ ）
4. 新员工自然而然会胜任工作。（ ）
5. 衡量培训成功与否的标准在于是否达到培训目标。（ ）
6. 培训不仅是公司费用的支出，同样也有对人力资源投资的回报。（ ）
7. 培训对象包括新进员工和企业普通员工。（ ）
8. 人力资源是企业唯一重要的资源。（ ）
9. 入职培训是指为员工到达新工作岗位后，企业进行的人力资源管理活动。（ ）
10. 入职培训以企业的要求、岗位的任职条件为依据。（ ）
11. 入职培训就是对新进员工的培训。（ ）
12. 参加岗位资格认证考试取得相应的资格证书后，其资格证书终身有效。（ ）
13. 从某种程度上来说，转岗培训包括晋升培训。（ ）
14. 培训的一般步骤包括培训需求分析、培训计划设计、培训实施与培训评估。（ ）

15. 任务分析就是指对企业内部某个职务的分析。（ ）
16. 组织分析包括对组织内环境的分析和对组织外环境的分析。（ ）
17. 培训效果受受训者学习动力的影响。（ ）
18. 受训者的学习需求是影响培训效果的最直接因素。（ ）
19. 培训的方式、技巧不同，培训效果也各异。（ ）
20. 培训者的个人特点对培训效果影响不大。（ ）
21. 对于企业来说，培训评估至关重要；而对于培训师来说，培训评估可有可无。（ ）
22. 从培训形式上看，企业入职培训可以采用二阶段培训和三阶段培训两种方法。（ ）
23. 三阶段培训是指新员工上岗前的集中培训、新员工到岗后的专业培训和新员工转岗后的专业培训。（ ）
24. 二阶段培训是指公司总部培训和新员工所在部门的培训。（ ）
25. 讲演和演练的区别表现在讲演重在讲，而演练重在演。（ ）
26. 程式化教学适用于远距离学习或学习地点太过分散，以及自我学习或进修。（ ）
27. 运用头脑风暴方法时，应避免学员之间的互相批评。（ ）
28. 对于成人学习者来说，学习契约法有利于其自我学习的能力和责任心的培养。（ ）
29. 敏感性训练主要训练学员对周围环境的敏感程度。（ ）
30. 企业人力资源开发就是指企业对员工的短期培训和长期的职业生涯开发。（ ）
31. 从个人成长发展的角度来看，个人的职业成长一般包括五个阶段：准备工作阶段、进入组织阶段、职业早期阶段、职业中期阶段和职业晚期阶段。（ ）
32. 个人职业生涯是指一个人一生从事的各种职业按顺序排成的系列。（ ）
33. 职业生涯计划包括组织的职业生涯计划和个人的职业生涯计划。（ ）
34. 个人职业生涯设计可分为自我认识、确立目标、择业策略、职业评估四个步骤。（ ）
35. 一般来说，组织的生涯规划和员工个人的生涯规划是互相对立的。（ ）
36. 员工手册是针对新员工的需求所编写的。（ ）
37. 多种多样的常规培训项目可以由企业内部进行，也可以聘请外部专家或培训师进行，还可以内外结合。（ ）
38. 培训预算应主要考虑派遣员工参加外部培训的费用。（ ）
39. 培训效果的评估层次依次为结果、行为、学习和反馈。（ ）
40. 每一次培训项目的实施，主要由从外部聘请的专门培训师进行培训。（ ）

(二)单项选择题(下列每题的选项中，只有1个是正确的，请将其代号填在横线空白处)

1. 如果企业更看重员工的潜力，在下列人力资源开发相关术语中，________描述更准确。

A. 培训　　B. 教育　　C. 开发　　D. 学习

2. 核查工作说明书及要求，发现从事某项工作的具体内容和完成该工作所需具备的各项知识、技能，这种培训需求分析是________。

A. 组织分析　　B. 任务分析
C. 职务分析　　D. 工作分析

3. 以提高员工分析和决策能力、书面和口头沟通能力、人际关系技巧能力等为主要内容的培训属于________。

A. 技能培训　　B. 知识传授培训
C. 态度转变培训　　D. 工作方法改进培训

4. 培训与开发在人力资源管理工作中是________。

A. 组织行为的中心内容　　B. 一瞬间的行为
C. 贯穿于全过程的基础　　D. 行动之前的准备工作

5. 培训与开发是一种具有________的活动。

A. 滞后性　　B. 超前性
C. 后延性　　D. 前续性

6. 下列培训方法中，________更有利于员工解决问题的能力的培训。

A. 案例研究　　B. 角色扮演　　C. 练习　　D. 头脑风暴

7. 国家设立"五大学历教育"的目的是________。

A. 员工应付社会需求　　B. 企业绩效的提高
C. 鼓励自学成才　　D. 追求文凭的形式教育

8. 按照职业发展阶段的划分，25～40岁属于________。

A. 职业中期阶段　　B. 进入组织阶段
C. 职业早期阶段　　D. 职业晚期阶段

9. 运用角色扮演时，学员在观众面前的表演是一种________。

A. 预先演练过的表演
B. 即兴表演
C. 有对话剧本的表演
D. 演出前不需要明确议题所遭遇的情况的表演

10. 一般而言，学习契约由________拟定。

A. 培训师　　B. 人力资源部经理
C. 学习者　　D. 企业领导

11. 关于参观，下面表述不正确的是________。
A. 参观能够激发学员对实际问题的关注
B. 学员的参与程度高，学习成效高
C. 参观是一种实地考察
D. 参观适用于某些无法或不易于在课堂上讲述的议题

12. 下列________不是示范的局限性。
A. 学员人数不宜太多　　B. 程序比较具体
C. 需要耗费较多的时间和金钱　　D. 经常需要特殊的环境加以配合

13. 岗位见习又称________。
A. 在职培训　　B. 新员工培训
C. 实地培训　　D. 技能培训

14. 转岗的个人原因指________。
A. 员工能力高于现在的岗位　　B. 员工不能胜任当前的岗位
C. 有更适合员工特长的岗位　　D. 以上表述均正确

15. 企业培训与开发是________的职责。
A. 公司所有人　　B. 企业内部培训师
C. 企业中高层领导　　D. 人力资源部门

16. 下列________不是影响员工培训与开发的内部因素。
A. 企业的前景和战略　　B. 工会
C. 企业的行业特点　　D. 企业的发展阶段

17. 下列________不属于企业内部开发的基本要求。
A. 竞争对手不容易效仿这些能力
B. 全体员工所拥有的能力与竞争对手相比占据优势
C. 企业为员工提供具有竞争性的薪资水平
D. 企业员工能积极地为产品和服务增进经济效益

18. 辩论是主要为了训练学员的________。
A. 创造能力　　B. 倾听能力
C. 逻辑思考能力　　D. 即兴口头表达能力

19. 职业计划的重心偏向________。
A. 企业　　B. 员工个人
C. 企业和员工兼顾　　D. 以上都不正确

20. 员工的行为规范与企业的共同价值观、企业的经营理念、企业的相关管理制度等构成了________的主要内容。
A. 企业文化　　B. 企业制度　　C. 企业战略　　D. 企业品牌

21. 企业培训与开发的对象不包括________。

A. 企业最高领导者
B. 人力资源部门工作人员
C. 企业清洁工
D. 外部培训专家

22. 我国大多数企业的培训预算水平占总销售额的________。
A. 1%～3%　B. 低于 0.5%　C. 平均 1.5%　D. 高于 7%

23. 目前国内聘请培训师的市场价大约为________。
A. 500～5 000 元/天
B. 2 000～5 000 元/天
C. 1 000 元以下/天
D. 1 000～2 000 元/天

24. 以下企业内部培训费用最高的是________。
A. 企业内部培训师进行培训
B. 聘请培训师内训
C. 聘请培训公司内训
D. 企业协助员工自我教育

25. 培训效果的量化测定公式 $TE=(E_2-E_1)\times TS\times T-C$ 中，T 是指________。
A. 培训人数
B. 培训效益可持续的年限
C. 培训成本
D. 培训后每个受训者一年产生的效益

26. 海尔集团培训工作的原则是________。
A. 干什么学什么，缺什么补什么
B. 流行什么培训什么
C. 员工需要什么培训什么
D. 实现企业与员工的双赢

27. 某企业对 10 名新招来的员工进行上岗前培训，从讲课到实习一共花了 5 000 元费用。这笔费用应从人力资源成本的________中列支。
A. 获得成本
B. 开发成本
C. 使用成本
D. 保障成本

28. 在培训中，先由教师综合介绍一些基本概念与原理，然后围绕某一专题进行讨论的培训方式是________。
A. 讲演法
B. 研讨法
C. 角色扮演法
D. 案例分析法

29. 企业培训与开发涉及两个主体，即________。
A. 培训实施方和培训投入方
B. 企业和员工
C. 人力资源部门和员工
D. 企业和人力资源部

30. 确定培训对象需要依据一些基本的原则，以下内容中，不属于这些基本原则的是________。
A. 当其需、当其时、当其位、当其愿
B. 根据员工能力提升的需要进行
C. 充分体现员工个人发展愿望和组织需要的结合
D. 针对具体的岗位及其在企业运营中的重要程度进行确定

31. 学习评估属于二级评估，往往在培训之中或者是培训后进行，一般由________来负责实施。

A. 企业的人力资源部门人员　　B. 培训教师或者培训辅导员

C. 培训评估人员　　D. 企业培训主管人员

32. 企业在进行新员工入职培训的会务准备时，需要准备入职培训的专业内容，下面选项中，________不属于入职培训的专业内容。

A. 业务知识　　B. 技能知识　　C. 管理务实　　D. 企业文化

33. 员工晋升培训必须以________为依据。

A. 员工发展需求　　B. 员工发展目标

C. 员工发展规划　　D. 员工发展潜力

34. 若使任职者具备一名合格员工的基本条件，可在入职培训时对其进行________培训。

A. 基础性　　B. 适应性　　C. 特殊性　　D. 个性化

35. ________是培训执行者为记清控制与培训有关的无数细节的最有价值工具。

A. 计划表　　B. 审核表　　C. 检查表　　D. 验收表

36. 按照培训目的划分，下面不属于入职培训的有________。

A. 新员工培训　　B. 晋升培训　　C. 脱岗培训　　D. 实地培训

37. 以下不属于培训需求分析方法的是________。

A. 头脑风暴法　　B. 观察法　　C. 问卷调查法　　D. 访谈法

38. ________是了解受训人员受训效果的最直接、最公正的信息渠道。

A. 生产管理人员　　B. 计划管理人员

C. 培训管理人员　　D. 岗位管理人员

39. 培训需求信息收集的________是一种最原始、最基本的工具之一，其优点在于培训者与培训对象亲自接触，对他们的工作有直接的了解。

A. 问卷法　　B. 观察法　　C. 访问法　　D. 记录法

40. 对培训需求信息进行需求分析时，最重要的是确保信息的________。

A. 及时性　　B. 准确性　　C. 全面性　　D. 一致性

41. 以下不属于员工手册基本内容的是________。

A. 企业概况　　B. 部门职责　　C. 管理制度　　D. 培训预算

42. 以下培训与开发的原则不正确的是________。

A. 长期性原则　　B. 战略性原则

C. 培训与开发内容相同原则　　D. 择优奖励原则

43. 员工培训属于________。

A. 常规教育　　B. 学校教育　　C. 成人教育　　D. 自我开发

44. 以下培训内容最适合高层管理者的是________。

A. 安全生产知识培训　　B. 团队建设培训

C. 卓越领导力培训　　D. 自我领导能力培训

45. 在培训结束后，通过考核受训者的工作表现来评价培训效果，属于________评估。

A. 一级　　B. 二级　　C. 三级　　D. 四级

46. 以下不属于培训评估步骤的是________。

A. 检查培训设备　　B. 受训者测试

C. 培训控制　　D. 培训结果的转移

47. 埃瓦特玻璃公司给员工提供的“电网活动”培训主要培训学员的________。

A. 电网安全知识　　B. 团队合作能力

C. 充分表达自己的能力　　D. 虚心学习的能力

48. 某企业发现其人力资源部经理候选人欠缺某些生产线基础知识，于是便下派他到生产一线锻炼两个月，然后考虑升迁事宜，这种人力资源开发模式被称为________。

A. 循环式升迁　　B. 循序渐进式升迁

C. 海豚式升迁　　D. 全面性升迁

49. 在培训评估中的反馈层面，不涉及________。

A. 学员的知识获得　　B. 培训师的风格

C. 学员对课程设计的满意度　　D. 学员评价此次培训的价值

50. 在新员工的培训中，关键是让新员工________。

A. 了解单位的历史、现状和未来发展计划

B. 了解组织的规章制度

C. 明确组织对他们的期望

D. 了解绩效考核和奖惩制度

51. 入职培训一般在新员工到企业工作的________开始。

A. 一个月后　　B. 三个月后　　C. 半年后　　D. 第一天

52. 为实现职业目标而制订的行动计划，叫做________。

A. 职业评估　　B. 职业选择　　C. 择业策略　　D. 择业内容

53. 以企业为中心的职业计划注重________。

A. 企业目标　　B. 职务本身　　C. 员工能力　　D. 市场变化

54. 以下________不属于多媒体教学的缺陷。

A. 重复与大量使用　　B. 缺乏弹性

C. 制作成本昂贵　　D. 师生交流少

55. 程式化教学和多媒体教学的区别特点是________。

A. 长距离学习　　B. 自我学习

C. 缺乏师生间的沟通　　D. 循序渐进

56. 以下对培训与开发的论述正确的是________。

A. 培训应该侧重员工知识的获得

B. 培训是一项长期性的人力资源活动

C. 紧跟时代步伐，流行什么培训什么

D. 培训是为竞争对手培养人才

(三) 多项选择题（下列每题的选项中，至少有 2 个是正确的，请将其代号填在横线空白处）

1. 入职培训的特点主要表现为________。

A. 适应性　　B. 个性化　　C. 基础性

D. 复杂性　　E. 形式化

2. 根据实施对象来看，入职培训包括________。

A. 岗位资格培训　　B. 新员工培训　　C. 晋升培训

D. 新技术培训　　E. 转岗培训

3. 在车间里工作的新员工通过观看、学习熟练者操作机床，继而自己动手的培训属于________。

A. 新员工培训　　B. 在职培训　　C. 岗位培训

D. 企业文化培训　　E. 二阶段培训

4. 对员工进行入职培训所需要准备的资料有________。

A. 员工上岗通知　　B. 员工上岗培训安排表

C. 员工上岗培训计划　　D. 员工上岗培训提纲

E. 按照培训内容编写培训资料或提纲　　F. 员工手册

5. 培训经费投入的效益体现在________。

A. 任职者可以提高完成本职工作的质量

B. 任职者可以从事以前无法胜任的工作

C. 提高了企业整体任职人员的工作素质

D. 为企业中远期的人才需求做好了储备

E. 任职者可以完成超过本职位技能要求的工作

6. 在编制培训预算时，需要注意________。

A. 预计各项费用　　B. 培训场所的选择

C. 培训教师的选择　　D. 培训器材的购置

E. 收集员工需要参加公司外培训的资料

7. 下列有助于培训成果转化的行为有________。

A. 技术支持　　B. 创造有利于转化的组织支持

C. 管理者支持　　D. 对培训所学新技能使用失败加以惩罚

E. 提供运用所学能力的机会

8. 职业生涯开发的主要职能是________。

A. 确定个人目标　　B. 决定时间分配　　C. 挑选总经理

D. 制定职业规划　　E. 个人目标评价

9. 培训与开发在________方面不同。
A. 内涵　B. 本质　C. 方针
D. 目的　E. 形式

10. 若按不同内容分类，培训开发可分为________。
A. 基础知识培训　B. 专业知识培训　C. 操作技能培训
D. 价值观以及文化培训　E. 管理知识培训　F. 态度培训

11. 制订培训计划的任务包括________。
A. 培训师的选择　B. 选择和设计相应的培训内容
C. 培训方法与形式　D. 薪酬分析
E. 培训目标　F. 培训预算
G. 培训评估方法等

12. 国家承认的“五大学历”指经过________等教育模式而获得的五种学历。
A. 自学考试　B. 职工大学　C. 业余大学
D. 夜大学　E. 网络学院　F. 电视大学
G. 社区学院

13. 在培训准备过程中，涉及的资料有________。
A. 有关培训方案的领导批示
B. 员工手册及培训教程
C. 培训方案的有关资料
D. 有关培训实施人员写的会议纪要、现场记录等
E. 有关培训调查问卷原始资料

14. 在培训评估过程中，涉及的资料有________。
A. 培训反馈中的问卷资料
B. 反映受训者培训后行为与学习方面的变化的分析比较资料
C. 与培训效果相关的数据资料、相关证明文件等
D. 学员个人资料登记表

15. 为了保证培训顺利实施，人力资源部门应做好相关设施、设备的准备工作，包括________。
A. 受训者的食宿安排　B. 教学辅助工具
C. 培训场所、条件的安排　D. 培训师的接待、安排
E. 培训师的教学风格

16. 培训评估的结果层次可以通过________指标来测定。
A. 迟到率　B. 事故率　C. 行为的改变
D. 产品合格率　E. 利润　F. 技能的获得
G. 销售量

17. 组织协助员工进行职业生涯计划的形式主要有________。

A. 职业选择　　B. 职业计划手册

C. 职业咨询　　D. 职业计划书

18. 为了使员工的职业发展成为企业与员工双方的共同发展，企业需要________。

A. 预测未来的人力需求和职务条件

B. 满足员工的一切需求

C. 设计员工在公司的发展途径

D. 提供职位空缺让员工申请

E. 公开职位资料让员工了解升职的资格及条件

F. 创建合理的员工评估考核制度

G. 只采取内部招聘一种招聘方式

19. 关于模拟这种培训方法，以下说法正确的是________。

A. 模拟不可以一个人完成

B. 模拟可以增进学员的学习兴趣

C. 模拟主要是为了给学员提供处理动态人际关系的机会

D. 模拟是一种表演，不需要书面资料的学习

E. 模拟是为了更好地解决现实问题

20. 新员工入职培训的具体目标包括________。

A. 让员工熟悉组织的相关管理制度

B. 让员工了解企业理念与企业使命

C. 让员工明确自己的职业目标

D. 让员工熟悉工作环境

E. 帮助员工建立与同事和工作团队的关系

F. 消除员工的陌生感和心理压力等

（四）实务操作题

实务操作第 1 题

背景描述：

某电器集团公司是一家家电制造型企业，公司产品包括电冰箱、洗衣机、洗碗机、微波炉等，产品销往 100 多个国家。公司设有生产部、客户服务部、销售部等。公司拥有近 1 200 名员工。其中生产部共有员工 400 名，分布在四个生产区。

家电行业的竞争相当激烈，为了保证公司产品在质量上的领先，2007 年年中，公司决定将 2008 年定为公司的生产质量管理年，主要对公司的生产部进行相关方面知识的培训，要求人力资源部门在 2007 年底拿出培训计划。

问题及要求：

你作为该公司人力资源部门的一员，请你运用重要事件访问法和观察发现法这两种方

法去收集相关信息。根据你的经验，你将从哪些方面去收集这些培训的信息，请分别举例。收集这些培训信息是培训流程的哪一步？通过对收集到的信息进行分析，制定出培训方案后，你将从哪些方面进行培训效果的评估？

实务操作第 2 题

背景描述：

新陆生物技术股份有限公司是新陆科技集团的核心企业之一，公司成立于 1998 年，2001 年 3 月改制成股份有限公司，注册资本为 3 718 万元，主要从事高新生物技术产品的开发、生产、销售和服务。公司致力于医学诊断产品的新技术开发及产业化，在癌症早期检测技术方面具有国内领先水平。

公司现有人员 111 人，本科及以上学历占 80%。公司严格按照股份制企业模式运作，设有人力资源部、财务部、市场管理部、技术支持与客户服务部、研发部、商务部等职能部门。公司在全国各省会城市设有 21 个办事处，产品销售遍及全国 30 个省、市、自治区。

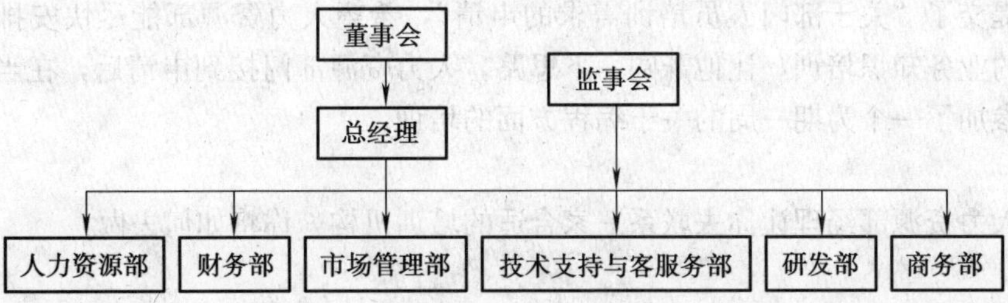

市场管理部想对本部门的部分销售人员组织一次外训，培训的内容是“销售赢家”，需要填写申请表。

问题：

请你以该公司人力资源部经理的身份，设计一个外训的申请表，表中需要设计哪些内容和需要审核的部门，请将申请表展示出来。

实务操作第 3 题

背景描述：

QJ 公司位于福建省，是一家以生产制造电子产品、家用电器为主的现代化高新技术企业集团。首期主导产品是电子式电能表、遥控智能表、全电子式预付费电能表、红外测温仪等系列电子产品和智能整水器等保健水处理设备。

QJ 公司在全国建立了销售网络体系和服务体系，在把重点放在华东、华南、北京的同时，积极开拓国际市场。企业还导入了 CI、引进 ISO 9001 质量管理和质量保证体系。

华北地区属于新近开发的市场，其各销售点对 QJ 公司的产品不是很熟悉，且该地区是 QJ 公司今明两年主要开发的市场。为使销售人员掌握必要的知识，适应新市场的需要，QJ 公司拟于 10 月下旬在北京对华北地区销售人员进行一次为期 7 天的培训。

问题：

培训通知需要包括哪些内容？请设计一个培训通知。

实务操作第 4 题

背景描述：

李工程师是某知名软件公司开发部的高级工程师，自 1995 年进入公司以来，表现十分出色，每每接到任务时总能在规定时间内按要求完成，并时常受到客户方的表扬。在项目进行时还常常主动提出建议，调整计划，缩短开发周期，节约开发成本。但在最近的几个月里，情况发生了变化，他不再精神饱满地接受任务了，同时，几个他负责的开发项目均未能按客户要求完成，工作绩效明显下降。开发部新任经理方经理根据经验判断导致李工程师业绩下降的原因是知识结构老化，不再能胜任现在的工作岗位了。于是他立即向人力资源部提交了“关于部门人员培训需求的申请”，希望人力资源部能尽快安排李工程师参加相关的业务知识培训，让他开阔一下思路。人力资源部门接到申请后，在当月即安排李工程师参加了一个为期一周的关于编程方面的培训。

问题：

如果人力资源部经理让你去联系一家合适的培训机构，你将如何去做？

实务操作第 5 题

背景描述：

紫星软件公司是一家专业提供智能化培训与考试整体解决方案、培训与考试智能化技术平台、培训与考试管理平台、特许授权考试网络服务、外包考务管理服务等的软件公司。

紫星美国公司于 1997 年在美国纽约成立，同年在中国上海设立独资公司，并在南京、广州、武汉、杭州等城市开设了办事机构。至 2002 年底，紫星公司在全国各地建立了近千家特许授权考试站，通过这个庞大的服务网络，紫星公司不仅为中国的政府机构、教育机构、行业管理机构和众多的大中型企业提供智能化考试服务，还广泛地与国际知名的 IT 厂商合作，为中国的培训认证市场提供全球通行的国际认证。

紫星公司目前拥有员工 100 名，其中人数最多的部门为 28 人。

紫星公司的主要业务为：提供网络考试用的平台、考试服务（即提供考试用的软件、技术服务等），以及其他一些相关的软件。

紫星公司的主要部门为：研发部、销售部、客户服务部、行政人事部等。

问题：

如果让你在紫星公司办公区内设立一个专门用于培训的场地，大小为 120 平方米左右，你将如何设计？你会考虑哪些因素？培训场地里需要配置哪些基本的硬件设备？你设计的培训纪律包括哪些方面？

四、单元测试题答案

（一）判断题

1. × 2. √ 3. × 4. × 5. √ 6. √ 7. × 8. × 9. × 10. √ 11. × 12. × 13. √ 14. √ 15. × 16. √ 17. √ 18. √ 19. √ 20. × 21. × 22. √ 23. × 24. × 25. √ 26. √ 27. √ 28. √ 29. × 30. × 31. √ 32. √ 33. √ 34. √ 35. × 36. × 37. √ 38. × 39. × 40. ×

（二）单项选择题

1. C 2. B 3. A 4. C 5. B 6. A 7. C 8. C 9. B 10. C 11. B 12. B 13. C 14. D 15. A 16. B 17. C 18. C 19. C 20. A 21. D 22. B 23. A 24. C 25. B 26. A 27. B 28. B 29. B 30. D 31. B 32. D 33. C 34. A 35. C 36. D 37. A 38. D 39. B 40. C 41. D 42. C 43. C 44. C 45. C 46. A 47. B 48. C 49. A 50. C 51. D 52. C 53. B 54. A 55. D 56. B

（三）多项选题题

1. AC 2. ABCE 3. ABCE 4. ABCDEF 5. ABCD 6. ABCDE 7. ABCE 8. ABDE 9. ABCDE 10. ABCDEF 11. ABCEFG 12. ABCDF 13. ABCE 14. ABC 15. ABCD 16. ABDEG 17. BCD 18. ACDEF 19. ABCEF 20. ABCDEF

（四）实务操作题

实务操作第 1 题

1. 重要事件访问法将注重以下方面：产品质量投诉、产品供应出现断货、生产过程伤害事故、员工违反公司纪律并造成损失等。

2. 观察发现法将注重以下方面：员工工作熟练程度、员工态度、工作中的安全意识、工作完成质量、工作纪律遵守情况、工作方法是否恰当、时间安排是否合理等。

3. 收集这些信息是培训的基础工作，即培训需求分析，包括组织分析、任务分析、人员分析。

4. 培训效果的评估包括：第一，观察学员的反应：在上课期间，对学员培训期间的表现进行考核，包括上课出勤率、上课时的态度等，同时了解学员对培训课程及讲师的评价。第二，检查学员的学习结果：每门培训课程结束之后，通过问卷、考试等方法进行考核。第三，衡量培训前后的工作表现：包括部门主管评价、同事评价、实际考察、业绩考核表等。

实务操作第 2 题

外训申请表的内容包括：申请部门、培训内容、培训目标、培训时间、培训费用、培训人数。

审核部门包括：部门经理、人力资源部、主管经理。

另外必须写明审核时间。外训申请表如下：

外出培训申请表

申请部门：

培训内容	
培训时间	
培训目标	
培训费用	
培训人数	

部门经理意见：

年　月　日

人力资源部意见：

年　月　日

主管经理意见：

年　月　日

实务操作第 3 题

通知应指明培训对象、培训内容、培训地点（指明路线）、培训时间、培训联系人、联系电话等。具体如下：

通　知

各分中心：

请通知参加 QJ 华北地区销售人员培训会的各中心销售人员于×年×月×日到北京报到。

具体报到地址：××招待所（×路×号），门口设有专人接待。从北京西客站乘××路公交车到××站下车，或乘出租车（车费××元左右）到××，下车后即可到达。

招待所客房部经理：×××

招待所总台电话：××××××××

如果有任何不清楚的问题，请及时与北京分中心联系。

联系电话：××××××××

联系人：×××

QJ公司北京技术服务中心

××年××月××日

实务操作第4题

第一步：首先与方经理沟通，了解李工程师需要哪些方面的培训。

第二步：通过网络或报纸，挑选一些相关的培训机构。

第三步：与培训机构沟通，对培训机构的以下情况进行了解：

培训机构能够提供什么培训课程。

培训机构授课老师的情况，授课经验如何。

培训费用如何。

培训机构的口碑如何。

培训机构曾经为哪些企业做过类似的培训。

培训机构培训后能提供什么样的后续服务。

第四步：将几家比较合适的培训机构情况汇总，交给人力资源部经理和方经理最后确定。

第五步：与选定的培训机构进行接触，提出培训要求，交纳培训费用。

第六步：与李工程师沟通，将培训地点、时间、注意事项等告诉李工程师。

实务操作第5题

需要的考虑的因素：

1. 桌椅要可移动，便于进行小组讨论。
2. 场地与办公区有隔离，相对比较安静。
3. 培训教室光线要好。
4. 每套桌椅占地2平方米。

基本的硬件设备包括：投影仪、扩音器、计算机、上网的连线（需要进行软件演示和为客户提供相关培训）、白板与白板笔。

培训纪律：请勿在培训场所吸烟，请勿在培训场所乱扔杂物，请勿在培训过程中随便走动出入，请勿在培训过程中打开手机、呼机，请勿在培训过程中溜号睡觉，请勿在培训过程中私下讨论，请勿在培训过程中进行与培训无关的事。请积极与培训师配合。

4

第 4 单元

绩效评估

一、学习要求

通过本单元的培训，学员应该掌握绩效评估的基本理论知识，包括绩效评估的概念、内容与方法，绩效评估实施前的动员活动，绩效评估表的设计评估信息的收集、记录、整理和分析方法，并能够熟练运用绩效评估的基本方法解决工作中问题。

二、职业技能鉴定考核要点

鉴定范围	鉴定点	重要程度
绩效评估基础知识	绩效评估的概念	★
	绩效评估的内容	★★
	绩效评估的方法	★★★
绩效评估的实施	实施前的动员和培训	★★
	绩效评估的具体实施	★★
	绩效评估表的设计	★★
评估信息的收集与分析	评估信息的收集和记录	★★★
	评估信息的整理	★★
	评估信息的统计分析	★★★

三、单元测试题

（一）判断题（下列判断正确的请打“√”，错误的打“×”）

1. 我们可以将员工的绩效视为他们那些经过评估的工作行为、表现及其结果。（ ）

2. 绩效评估是对员工的工作行为与结果进行考察、分析、评估与传递的过程。（ ）

3. 绩效评估偏向从定性角度进行分析，具有主观性。（ ）

4. 绩效评价偏向从定量角度进行分析，具有客观性。（ ）

5. 员工绩效评估就是对员工工作业绩的认识和评价。（ ）

6. 一套完整的绩效评估制度，有助于企业建立起公平合理的激励约束机制。（ ）

7. 绩效评估应建立在客观事实基础上，避免主观性和感情色彩，这一原则主要体现了绩效评估的公平原则要求。（ ）

8. 绩效评估本质上是评估员工对组织的贡献与否以及贡献程度的大小。（ ）

9. 管理员工绩效的最终目的主要是为了提高每个人创造绩效的能力。（ ）

10. 绩效评估核心目标是通过评估员工及组织的绩效，最终实现员工绩效的提升。（ ）

11. 衡量员工的工作业绩就是对员工工作完成量大小的衡量。 （ ）

12. 衡量员工的工作能力主要从知识、技能、智能、体能等角度进行。 （ ）

13. 考核员工绩效是一个循环的过程，要在具体工作前、工作中和工作后进行。 （ ）

14. 若要发挥绩效评估奖优罚劣作用，需将评估结果与员工薪酬水平、晋升等结合。 （ ）

15. 一般而言，人们将绩效评估分为社会、企业、部门三个层次。 （ ）

16. 绩效评估对员工工作能力的考核可以看做主要是从员工能力持有态的视角进行。 （ ）

17. 绩效评估对员工工作态度的考核可以看做主要是从员工能力发挥态的视角进行。 （ ）

18. 绩效评估对员工工作业绩的考核可以看做主要是从员工能力转化态的视角进行。 （ ）

19. 为尽量避免评估过程的偏差，应保证管理关系和评估关系保持一致，并从其他渠道了解被评估对象信息。 （ ）

20. 真实性审查也称效度审查，即看资料是否真实可靠地反映了调查对象的客观情况。 （ ）

21. 绩效评估结果是决定企业培训工作展开的重要依据。 （ ）

22. 对员工工作态度的评估主要从纪律性、协作性、积极性、主动性、敬业精神等视角进行。 （ ）

23. “学识和业务知识”属于个人绩效评估中工作能力考核的评估指标之一。 （ ）

24. “理解问题的能力”属于个人绩效评估中工作业绩考核的评估指标之一。 （ ）

25. 准确性审查也称信度审查，是指就收集到的材料对研究问题有效用程度的分析。 （ ）

26. 素质评价是从评估对象的性格、知识、技术、能力、适应性等方面进行评估。 （ ）

27. 配对比较法主要体现了从横向角度对员工工作绩效的评估。 （ ）

28. 运用目标管理法进行绩效评估，其前提是组织中的上、下级一起制定组织发展目标。 （ ）

29. “保证公司的产品质量提高”这种提法，是制定绩效目标计划中比较恰当的提法。 （ ）

30. “使公司本年度末实现产品成本降低1%”是绩效目标设立中比较恰当的提法。 （ ）

31. 一般对员工任务绩效的评价周期选择，要参考员工工作岗位性质等确定。 （ ）

32. 员工绩效评估的结果不适合作为员工任用和调配的依据。 （ ）

33. 为了避免绩效评估中评估关系的偏差，应在评估中遵守单头评估的原则。（ ）

34. 绩效评估表设计原则中的“适应性”主要指对编制各个环节都要有所考虑。（ ）

35. 运用目标管理法评估员工绩效，前提是上、下级共同制定出可衡量的组织与个人目标。（ ）

36. 对周边绩效指标的评估，一般要在较长的时间周期内进行。（ ）

37. 绩效评估表设计原则中的“通用性”是指针对各个环节的特点进行编制。（ ）

38. 在绩效考核评价中，“自我评价”与“上级评价”宜同时进行，以便于比较。（ ）

39. 针对企业内部不同层次的员工，一般采用不同的评估周期。（ ）

40. 在绩效评估中不公开评估结果易造成评估者和被评估者的矛盾。（ ）

（二）单项选择题（下列每题的选项中，只有1个是正确的，请将其代号填在横线空白处）

1. 绩效考核一般根据从多视角或多方面进行分析和评价，这体现了绩效的________特征。

A. 严格性　　B. 多样性　　C. 多维性　　D. 多因性

2. 在绩效评估中，一般由员工的直接上级对员工进行评价，这体现了绩效评估中________的原则。

A. 严格　　B. 结果公开　　C. 单头评估　　D. 差别

3. 在绩效评估中，评估结果要反馈给员工本人，并向其进行必要的解释说明，为其今后工作提供借鉴和改进的建议，这体现了绩效评估中的________原则。

A. 结果公开　　B. 结合奖惩　　C. 客观性　　D. 反馈

4. 在绩效评估中，针对员工的性格、知识、技术、适应性等方面进行的评估，是指________。

A. 素质评估　　B. 素质评价　　C. 能力评价　　D. 能力评估

5. 针对员工的工作态度和工作完成情况进行的评估属于绩效评估中的________。

A. 业绩评定　　B. 素质评价　　C. 态度评定　　D. 能力评定

6. 员工绩效优劣受主客观等多方面因素影响，这体现绩效的________特征。

A. 严格性　　B. 多样性　　C. 多维性　　D. 多因性

7. 绩效评估的结果应和员工的奖惩结合起来，这体现了绩效评估中________的原则。

A. 结果公开　　B. 反馈　　C. 结合奖惩　　D. 客观性

8. 在绩效考核中，考核某员工是否按时并保质保量地完成工作任务，主要针对的是________的考核。

A. 工作业绩　　B. 工作态度　　C. 工作能力　　D. 工作行为

9. 某公司把绩效评估的结果运用于决定其哪些员工可以参加去总部进修和工作的参

考依据，这体现了绩效结果应用中________的运用。

A. 员工任用依据　　B. 员工培训与调配依据

C. 确定薪酬　　D. 员工激励的途径

10. 某公司针对目前公司全体员工的计算机运用水平进行一次抽查式的摸底考试，主要体现了绩效评估中对________的考核。

A. 工作业绩　　B. 工作潜能　　C. 工作能力　　D. 工作行为

11. 绩效一般是对员工一段时期内工作等进行的评价和考核，这体现了绩效考核中________特征。

A. 时效性　　B. 动态性　　C. 多因性　　D. 差别性

12. 绩效评估中要有明确的绩效评估标准、制度，并要有认真的绩效评估态度，科学而严格的程序和方法，这体现了绩效原则中的________原则。

A. 严格　　B. 公平　　C. 结果公开　　D. 客观评估

13. 绩效评估的结果应有适当的等级差异，使其在工资、晋升、使用等方面有所区别，发挥其激励员工的作用，这体现了绩效原则中的________原则。

A. 结合奖惩　　B. 客观评估　　C. 结果公开　　D. 差别

14. 某公司依据其绩效评估的结果将某一员工的工资水平上涨了25%，体现了绩效结果应用中________的运用。

A. 员工任用依据　　B. 员工培训依据

C. 确定薪酬依据　　D. 员工激励的途径

15. 某公司主要根据绩效评估的结果任命某一员工担任部门销售经理，这体现了绩效结果应用中________的运用。

A. 员工任用依据　　B. 员工考核依据

C. 员工激励依据　　D. 员工调配依据

16. 在绩效评估指标等级水平中，“1”一般表示________。

A. 非常突出　　B. 非常落后　　C. 一般　　D. 比一般差一些

17. 运用图尺度评估法，“E”一般表示等级水平处于________。

A. 最高级　　B. 最低级　　C. 中间水平　　D. 略高于中间水平

18. 某公司要一目了然地看出其员工在工作态度维度上的从高到低的水平，运用下列绩效评估中的________较合适。

A. 图尺度评估法　　B. 排序法

C. 图表法　　D. 配对比较法

19. 下列绩效评估方法中，________是一种过程式或程序性方法。

A. 图尺度评估法　　B. 配对比较法

C. 目标管理法　　D. 叙述式表格法

20. 某公司要从总体上评估员工绩效水平，运用下列绩效评估中________较合适。

A. 图尺度评估法　　B. 排序法

C. 图表法　　D. 配对比较法

21. 向员工宣传绩效评估的目的、科学性、有关要求等属于________。

A. 评估前的动员　　B. 评估后的反馈

C. 评估中的宣传　　D. 评估前的培训

22. 按照时间纬度划分，在一定的时间内和既定的项目上对员工进行的评估属于________。

A. 定期评估　　B. 平时评估

C. 不定期评估　　D. 定项评估

23. 绩效评估表的评估指标要完整、周全，要能评估出员工的共性和个性特征，体现出绩效评估表设计中________的原则。

A. 通俗易懂　　B. 适应通用　　C. 完整简明　　D. 灵活多样

24. 根据绩效评估目的、对象和组织环境的不同，绩效评估表的要素、内容、形式等均要有所变化，体现出绩效评估表设计中________的原则。

A. 多样性　　B. 通用性　　C. 复杂性　　D. 灵活多样

25. 为了进一步提高绩效评估表的可接受水平，应该对评估要素有所选择，进行调查和反馈，这属于绩效评估表设计程序中的________阶段。

A. 编制全面绩效评估标准　　B. 筛选和修正评估内容

C. 试用阶段　　D. 确定绩效评估表

26. 主要通过员工日常工作的记录来收集绩效评估资料的方法属于________。

A. 观察法　　B. 工作记录法

C. 关键事件法　　D. 他人反馈法

27. 针对绩效评估中收集上来的资料进行资料提供者身份适合性分析，材料是否符合填报要求、准确等检查，属于资料的________审查。

A. 完整性　　B. 统一性　　C. 合格性　　D. 准确性

28. 在绩效评估的资料收集过程中，发现同一问题的资料有多个来源，这时候可根据________方式进行核实。

A. 经验和常识　　B. 材料的内在逻辑

C. 资料间进行比较　　D. 资料来源进行判断

29. 下列________方法属于资料分析中最重要和应用最广泛的定量分析技术。

A. 数量分析　　B. 平均数分析

C. 统计分析　　D. 质量分析

30. 为了更好地评估职能管理类、经营管理类、技术类等人员实际的绩效状况，对评估结果采用________计算比较好。

A. 平均值　　B. 权重　　C. 等级　　D. 中位数

31. 针对绩效评估中问卷资料的抽样是否达到要求、问卷回收率状况以及每一份资料是否完整等角度进行的审查，体现了针对资料的________审查。

A. 统一性　　B. 完整性　　C. 真实性　　D. 准确性

32. 某公司技术类员工的绩效评估中业务评估占40%，能力评估占30%，态度评估占30%，此公司技术部一员工的得分分别为90分、85分、80分，则该员工的评估总分为________分。

A. 85　　B. 84.5　　C. 90　　D. 85.5

33. 在坐标轴中运用图线方式来表示评估结果，是采用________来表示评估结果。

A. 文字表示法　　B. 数字表示法

C. 图线表示法　　D. 列表表示法

34. 在绩效评估的资料收集过程中，因为发现了资料与经验、常识不相符合，进而再次进行核实，这主要是运用________审查资料。

A. 经验和常识　　B. 材料的内在相关性

C. 资料间差异比较　　D. 资料来源判断法

35. 在整个绩效考核期间，上级和员工之间以持续沟通来预防或解决员工实现绩效时可能发生的各种问题，是________。

A. 绩效面谈　　B. 绩效反馈

C. 绩效沟通　　D. 绩效规划

36. 在绩效考核结束之后，上级和员工之间进行绩效反馈面谈，由上级将考核结果告诉员工，指出员工在工作中存在的问题和不足，并和员工一起制定绩效改进的计划，这属于________。

A. 绩效沟通　　B. 绩效确认

C. 绩效面谈　　D. 绩效反馈

37. 一般而言，性质不很稳定的指标，考核周期________。

A. 要相对长一些　　B. 要相对短一些

C. 为固定时间　　D. 以上均可

38. "工作效率"的指标主要是针对________的考核。

A. 工作方式　　B. 行为方式

C. 工作结果　　D. 行为结果

39. "工作效果"的指标主要是针对________的考核。

A. 工作成果　　B. 工作方式

C. 工作结果　　D. 行为结果

40. "本季度实现产品废品率由5%下降至2%"，属于绩效评估标准分类中的________。

A. 相对标准　　B. 绝对标准　　C. 主观标准　　D. 客观标准

41. “本月技术类岗位员工流失率低于总人数的9%”，属于绩效评估标准分类中的________。

A. 相对标准　B. 绝对标准　C. 主观标准　D. 客观标准

42. 在被考核者之间分别比较，从每一对被考核者中比较出哪个优劣，最后汇总和计算出整体的比较考核结果。这种方法是________。

A. 配对比较法　B. 人物比较法

C. 排序法　D. 强制分布法

43. 在量表中列出所有需要考核的绩效指标，将每一个指标的标准分为不同的等级，同时对应着一个分数。评估者针对每一个绩效指标给定的等级进行评估，最后给出总的评估。这属于________。

A. 等级评估法　B. 排序法

C. 配对比较法　D. 强制分布法

44. 以记录直接影响工作绩效优劣的关键行为为基础的考评方法，属于绩效评估方法中________。

A. 目标管理法　B. 360度反馈法

C. 关键事件法　D. 行为锚定法

（三）多项选择题（下列每题的选项中，至少有2个是正确的，请将其代号填在横线空白处）

1. 绩效具有的特征包括________。

A. 多因性　B. 多维性　C. 动态性　D. 时间性

2. 一般而言，绩效评估的评估内容包括________。

A. 企业的绩效评估　B. 部门的绩效评估

C. 团队的绩效评估　D. 员工的绩效评估

3. 绩效评估主要包括________。

A. 人员行为评定　B. 人员素质评价

C. 人员态度评价　D. 人员业绩评定

4. 在绩效评估过程中，针对员工业绩的评定包括________。

A. 工作态度评定　B. 工作进度情况

C. 工作完成情况　D. 员工关系

5. 以下各选项中，符合绩效评估原则的有________。

A. 公平的原则　B. 严格的原则

C. 单头评估的原则　D. 结合奖惩的原则

E. 客观评估的原则　F. 差别的原则

6. 绩效评估的基本内容包括________。

A. 工作业绩　B. 工作能力　C. 工作行为　D. 工作态度

7. 绩效评估中定量资料合格性审查包括________。

A. 每一份资料是否完整

B. 所提供的材料是否符合填报的要求

C. 所填写的资料是否准确无误

D. 提供资料者的身份是否符合所规定的调查对象的身份

8. 评估前动员包括________。

A. 向员工宣传绩效评估的科学性

B. 宣传绩效评估的目的和意义

C. 向员工宣传绩效评估的公正性和方法的合理性

D. 帮助员工了解整个绩效评估的程序和有关要求

9. 绩效评估一般分为________。

A. 准备阶段　　B. 实施阶段

C. 反馈阶段　　D. 结果运用阶段

10. 绩效评估表的设计，应体现________。

A. 通俗易懂的原则　　B. 适应通用的原则

C. 完整简明的原则　　D. 灵活多样的原则

E. 企业发展要求和当前的实际状况

11. 绩效评估表的设计程序包括________等阶段。

A. 创建全面的评估内容体系

B. 编制全面的绩效评估表

C. 筛选和修正评估内容

D. 确定绩效评估表

12. 收集评估信息的方法一般包括________。

A. 观察法　　B. 工作记录法

C. 他人反馈法　　D. 面谈法等

13. 企业收集绩效评估信息主要来自________。

A. 生产作业记录　　B. 关键事件记录

C. 定期检查记录　　D. 主管备忘录

14. 定性资料的来源于________。

A. 无结构式访问　　B. 观察的记录

C. 档案　　D. 文件、会议记录

E. 调查报告　　F. 研究论文

15. 对绩效评估中收集到的资料进行真实性审查所使用的方法包括________。

A. 与常识和经验比较判断　　B. 根据材料的内在逻辑

C. 对材料进行纵向比较　　D. 根据材料的来源进行判断

16. 对绩效评估中定量资料的审查主要从________方面进行。

A. 完整性　　B. 统一性

C. 合格性　　D. 准确性

17. 绩效评估中定性资料的审查主要从________角度进行。

A. 合格性审查　　B. 完整性审查

C. 真实性审查　　D. 统一性审查

E. 准确性审查

18. 绩效评估结果的表示方法包括________。

A. 图表表示法　　B. 数字表示法

C. 文字表示法　　D. 图线表示法

19. 绩效评估中对收集到的信息一般采用________处理方法。

A. 划分等级　　B. 多个项目比较

C. 对单一项目量化　　D. 数据分析

（四）实务操作题

实务操作第 1 题

背景描述 1：

图尺度评估法是最容易操作和普遍应用的一种绩效评估方法。这种评估方法的操作模式是，给出不同等级的定义和描述，然后针对每一个评价要素或绩效指标按照给定的等级进行评估，然后再给出总的评估。

背景描述 2：

某销售部秘书的主要工作职责有：

(1) 协助销售部经理处理日常事务，包括录入、打印文件，起草文件，收发信件。

(2) 协助销售部的业务人员处理日常事务，包括会议后勤，差旅安排和其他一些日常事务。

(3) 汇总部门的财务票据和数据，提供给财务部门。

问题：

结合参考材料，为此秘书岗位设定卓越、优秀、良好、需改进、不足 5 个等级，按等级评价法设计一份绩效评估表。

实务操作第 2 题

背景描述 1：

排序法是一种相对比较的方法，主要是将员工按照某个评估因素的表现从绩效最好的员工到绩效最差的员工进行排序。

背景描述 2：

下表是某公司用排序法进行绩效评估的结果。

绩效评估排序表

因素一：工作责任感		因素二：问题解决能力		因素三：团队合作	
名次	姓名	名次	姓名	名次	姓名
1	李力	1	王露	1	王露
2	刘波	2	张勇	2	李力
3	王露	3	张丽	3	方方
4	张丽	4	赵平	4	张勇
5	方方	5	陈宇	5	刘波
6	赵平	6	刘波	6	陈宇
7	陈宇	7	李力	7	张丽
8	张勇	8	周杰	8	刘峰
9	刘峰	9	方方	9	周杰
10	周杰	10	刘峰	10	赵平

问题：

1. 配对比较法与排序法类似，也是一种相对的绩效评估方法。以“工作责任感”为例，制作一份用配对比较法进行绩效评估的表格。

2. 为了区分真正绩效优秀的员工，可以使用强迫分布的方法。如果设定10%优秀，30%良好，50%合格，10%不合格，那么，以“团队合作”为例，请为每一位员工进行评估。

实务操作第3题

背景描述：

小张是某房地产公司技术部的一名职员，2000年大学毕业后直接进入了这家企业。

在同事和上司的眼中，小张能力平平，态度一般，绩效也属于正常的范畴，甚至有时候还要些小聪明，工作得过且过。但令人一直不解的是，除了2000年小张考核结果被评为“一般”外，2001年至今的6个年度考核中，小张的考核结果一直是“S（杰出）”。

在与小张的一次非正式沟通中，小张说：“考核也有诀窍！我们公司采用的是年度考核，一年考一次，时间那么久，上司工作又那么忙，谁会记得上半年的工作情况。因此，我采取的策略是，上半年闲着，有些事情能拖就拖，拖到下半年，尤其是10月、11月、12月三个月，我会经常加班加点，主动帮助上司和同事分忧。想一想，年底我的考评结果怎么可能差？”

我问：“这样就能得S了？”

小张：“有的时候确实不足以评为S，为了万无一失，我会在一年中找机会干上一、两件漂亮的事情，事情不在于多有价值，关键要有声势，能够让上司牢牢记住，那么评为

S是没有任何问题了。”

我问：“你的上司就这么容易被糊弄?”

小张：“我的上司是个工作狂、技术迷，对管理不太感兴趣，况且管理很容易使人丢饭碗，不如技术来得实际……”

我问：“打断一下，为什么说管理不如技术实际？难道公司不希望他们从事管理工作吗?”

小张：“管理也很重要，但在我们公司，更看中的是技术专家，否则也不会让我的上司做领导了！加上过去有的技术专家因为主要从事管理而荒废了技术，公司对他们不太满意，使得这些专家难以在企业继续生存下去，因此大家都不敢，而不完全是不愿放弃技术工作。我的上司也是如此。再加上我对上司的脾气非常了解，他这个人是个老好人，不愿意轻易得罪人，上半年我混混一般是没有太大问题的。”

我问：“混？平时上司不给你们定工作任务?”

小张：“也在定，但非常笼统，几乎不算什么标准。”

问题：

1. 小张的上司在做绩效评估时有哪些失误?
2. 你认为该公司的绩效考核制度应该做哪些方面的调整?

实务操作第4题

下表是××公司年度考核用表。

××公司员工年度绩效考核用表

姓名			职位		考核期	年
考核要项		考核等级				备注
		优	良	中	差	
工作绩效	工作质量					
	工作数量					
工作能力	知识、技能					
	判断力					
	沟通能力					
	创造力					

<table>
<tr><td colspan="2" rowspan="2">考核要项</td><td colspan="4">考核等级</td><td rowspan="2">备注</td></tr>
<tr><td>优</td><td>良</td><td>中</td><td>差</td></tr>
<tr><td rowspan="4">工作态度</td><td>积极性</td><td></td><td></td><td></td><td></td><td></td></tr>
<tr><td>协调性</td><td></td><td></td><td></td><td></td><td></td></tr>
<tr><td>合作性</td><td></td><td></td><td></td><td></td><td></td></tr>
<tr><td>责任性</td><td></td><td></td><td></td><td></td><td></td></tr>
<tr><td>签名</td><td colspan="6">直接主管：
上级主管：　　　　　　　　时间：</td></tr>
<tr><td>其他说明</td><td colspan="6"></td></tr>
</table>

问题：

1. 你认为这个表格科学合理吗？为什么？

2. 根据设计绩效考核指标应该遵循的原则，以你掌握的人力资源知识，你怎样就“责任性”对一名员工进行考核？（不少于 5 项）

实务操作第 5 题

背景描述：

A 公司是河北一家著名的国有食品企业。该公司在 2005 年由人力资源部主持开发和实施了一套绩效评估系统，试图使人力资源管理工作走上正轨和高效。然而运行一年多来，效果并不理想：

1. 绩效评估往往以 HR 经理或直线经理与员工之间的非正式谈话为基础。

2. 绩效评估的标准相当模糊，导致绩效评分主观且经常不准确。

3. 该绩效评估系统无法向员工提供公司对其期望的信息，使员工对于要获得有利评分而需要将工作做到什么程度一无所知。

4. 晋升、激励、调动和薪酬决策等缺少可靠的信息和数据。

A 公司的人力资源部总监想改善这一现状，然而又苦于无从着手。

问题：

1. 一个有效的绩效评估系统具有什么作用？

2. 结合案例谈谈怎样设计一个有效的绩效评估系统。

四、单元测试题答案

（一）判断题

1. √ 2. √ 3. × 4. × 5. × 6. √ 7. × 8. √ 9. √ 10. √ 11. × 12. √ 13. √ 14. √ 15. × 16. √ 17. × 18. × 19. √ 20. × 21. √ 22. √ 23. √ 24. × 25. × 26. √ 27. √ 28. √ 29. × 30. √ 31. × 32. × 33. √ 34. × 35. √ 36. √ 37. × 38. × 39. √ 40. ×

（二）单项选择题

1. C 2. C 3. D 4. B 5. A 6. D 7. C 8. A 9. B 10. C 11. B 12. A 13. D 14. C 15. A 16. B 17. B 18. B 19. C 20. D 21. A 22. A 23. C 24. D 25. B 26. B 27. C 28. C 29. C 30. B 31. B 32. D 33. C 34. A 35. C 36. D 37. B 38. B 39. C 40 B 41. A 42. A 43. A 44. C

（三）多项选择题

1. ABC 2. ABD 3. BD 4. AC 5. ABCDEF 6. ABD 7. BCD 8. ABCD 9. ABCD 10. ABCDE 11. ABCD 12. ABCD 13. ABCD 14. ABCDEF 15. ABCD 16. ABC 17. CE 18. BCD 19. AC

（四）实务操作题

实务操作第1题

××公司绩效评估表

员工姓名：__________ 职位：__________ 所属部门：__________

评价人姓名：__________ 评价人职位：__________

评估等级说明
A：卓越。工作绩效非常突出，能创造性地解决问题。
B：优秀。工作高质量，大多数超出绩效标准。
C：良好。达到工作绩效标准，称职。
D：需改进。在绩效某一方面存在不足，需要加以改进。
E：不足。工作绩效水平无法令人接受，必须立即加以改进。

工作职责	绩效标准	评估等级
录入、打印文字材料	出错在5次/月以内未按时完成，出错5次/月以内	等级：
起草通知、信件	主管人员仅做微小修改便可以发送	等级：

续表

工作职责	绩效标准	评估等级
为出差人员安排旅程	按时、准确预订旅店、车辆	等级：
安排会议	在会议开始前能准备好会议所需的设备和材料，以保证会议进行顺利	等级：
汇总部门的财务票据和数据	费用报表按时、准确完成	等级：

最后评估等级：________

员工签名：________

主管签名：________

日期：________

实务操作第 2 题

1. 评价因素：工作责任感

	李力	刘波	王露	张丽	方方	赵平	陈宇	张勇	刘峰	周杰	名次
李力		+	+	+	+	+	+	+	+	+	1
刘波	−		+	+	+	+	+	+	+	+	2
王露	−	−		+	+	+	+	+	+	+	3
张丽	−	−	−		+	+	+	+	+	+	4
方方	−	−	−	−		+	+	+	+	+	5
赵平	−	−	−	−	−		+	+	+	+	6
陈宇	−	−	−	−	−	−		+	+	+	7
张勇	−	−	−	−	−	−	−		+	+	8
刘峰	−	−	−	−	−	−	−	−		+	9
周杰	−	−	−	−	−	−	−	−	−		10

2. 评价因素：团队合作

比例：优秀：10×10％＝1　　合格：10×50％＝5

　　　良好：10×30％＝3　　不合格：10×10％＝1

结果：优秀：王露　　合格：刘波　陈宇　张丽　刘峰　周杰

　　　良好：李力　方方　张勇　　不合格：赵平

实务操作第 3 题

1. 小张的上司在做绩效评估时的失误有：

（1）工作绩效评估标准不明确。

（2）绩效考核制度不完善。

（3）近因效应。

（4）晕轮效应。

2. 该公司的绩效考核制度可以做以下调整：

（1）将组织目标分解到个人，明确个人的岗位职责和关键业绩指标。

（2）制订绩效计划，确定绩效标准。

（3）在绩效管理实施过程中，不断地进行沟通和反馈。

（4）对评估者进行培训。

（5）选择正确的绩效评估工具。

实务操作第4题

1. 这个表格不合理。在设计绩效目标时，要遵循 SMART 原则。也就是要求目标是具体的，是可以衡量的，是能够达到的，是与工作紧密相关的，是有明确时间要求的。上述表格中的绩效目标没有达到这个要求。

2. 就“责任性”对一名员工进行考核，可以将标准设置为：是否能认清自己在组织中的立场与角色，对此负责到底？对其工作是否不必再令人操心？是否不必一一批示监督，也能迅速地工作？对工作的失误是否往往逃避责任或辩解？对上司是否有敷衍的现象？

实务操作第5题

1. 一个有效的绩效评估系统，一是引导和激励员工的行为趋向于组织的目标；二是约束和监督员工行为以确保组织的目标得以实现。良好的绩效评估系统会提供一个系统的约束和监督员工工作绩效的方法；三是为人力资源管理实践提供决策的信息和数据。

2. A 公司要实施上述绩效评估系统，通常要进行以下三方面工作：

（1）获取对该系统的支持。

（2）选择评定者。很多企业认为绩效评估是由人力资源经理负责的。而实际上，绩效评估必须由人力资源经理、部门经理或者同事共同进行。人力资源部经理主要负责评估系统的开发、监督实施、培训和批准备案等工作；而部门经理是最熟悉员工的人，所以直接评估工作的98%是部门经理来完成的。

（3）确定恰当的评估时间安排。

5

第 5 单元

薪酬福利管理

一、学习要求

通过本单元的培训，学员应了解薪酬基本知识，薪酬的基本类型；掌握员工福利的基本构成；初步学会进行企业薪酬管理实施流程，掌握薪酬福利信息收集整理方法以及其他涉及公司薪酬福利的相关规定。能够处理企业中相关的实际问题。

二、职业技能鉴定考核要点

鉴定范围	鉴定点	重要程度
薪酬管理基础知识	薪酬与薪酬管理的概念	★
	薪酬调整	★
薪酬体系的基本类型	岗位薪酬体系	★★
	技能薪酬体系	★★
	能力薪酬体系	★★
	绩效薪酬体系	★★
	组合薪酬体系	★★
员工福利	社会保险	★★★
	其他福利形式	★★
企业薪酬管理的实施	企业薪酬管理流程	★
	岗位评估	★
	工资计算	★★★
	所得税及其计算	★
薪酬福利信息的收集整理	企业薪酬统计指标与方法	★★★
	薪酬福利工具表	★★★
	薪酬调查	★★★
薪酬福利的相关规定	最低工资	★★★
	工资指导线	★★
	劳动力市场工资指导价位制度	★★
	工效挂钩	★★
	人工成本预测预警制度	★★

三、单元测试题

（一）判断题（下列判断正确的请打“√”，错误的打“×”）

1. 薪酬是人力资源管理的核心内容。（　）
2. 股票期权属于间接薪酬。（　）
3. 狭义薪酬包括四种形式，即基本工资、绩效工资、短期和长期激励工资、福利。（　）
4. 基本工资反映的是工作或技能价值，往往忽视了员工之间的个体差异。（　）
5. 绩效工资是一次性付出，对劳动成本没有永久的影响。（　）
6. 挑战性的工作和学习机会、地位、权利等也属于薪酬的形式。（　）
7. 薪酬管理是对员工报酬的支付标准、发放水平、要素结构进行确定、分配和调整的过程。（　）
8. 物价性调整是指为了补偿因物价上涨而给员工造成经济损失的一种工资调整方法。（　）
9. 薪酬的物价性调整有等比调整和等额调整两种方式。（　）
10. 薪酬的效益性调整又叫功劳性调整。（　）
11. 考核性调整的规定是员工的绩效表现越好或越差，其调薪的幅度就越大。（　）
12. 岗位薪酬体系有岗位等级工资制和岗位薪点工资制等形式。（　）
13. 岗位薪酬体系有利于及时鼓励员工。（　）
14. 在我国，岗位等级工资制适用于企业基层员工。（　）
15. 工资标准以薪点数表示是岗位等级工资的最基本特点。（　）
16. 计算薪点工资的公式为：薪点工资＝个人总点数÷工资率。（　）
17. 岗位薪点工资制具有较强的可操作性。（　）
18. 技能薪酬的代表形式是技术等级工资制。（　）
19. 技能薪酬体系要求企业在培训方面付出更多的投资。（　）
20. 技术等级工资制的缺点是不能把员工工资与其劳动绩效直接相联系。（　）
21. 工资标准也称工资率，是按单位时间规定的工资数额。（　）
22. 长期性绩效薪酬是以绩效加薪及股票所有权为代表的。（　）
23. 绩效加薪的三大关键要素是加薪的幅度、加薪的时间以及加薪的实施方式。（　）
24. 提成制是根据业绩确定报酬的一种典型形式，主要用于销售人员的工资支付制度。（　）
25. 实行结构工资制的目的是拉开工资档次，合理分配收入。（　）
26. 学历工资的差距在市场经济发达国家逐渐缩小，因为智力投资成本差距在缩小。（　）

27. 对于一些销售性的企业和技术含量低的企业，岗位工资制更能发挥其优越性。
（　　）
28. 福利是组织整体薪酬体系的一部分，包括社会保险、津贴等形式。（　　）
29. 养老保险由国家立法强制实行，企业单位和个人都必须参加。（　　）
30. 基本医疗保险基金由统筹基金和个人账户构成。（　　）
31. 失业保险金的给付期限，规定最长为 24 个月，最短为 6 个月。（　　）
32. 工伤保险费由企业和员工按比例共同缴纳。（　　）
33. 企业为员工建立的文化、体育、娱乐等设施属于实物性福利。（　　）
34. 个人所得税＝应缴纳所得税（计税工资）×税率－速算扣除数。（　　）
35. 平均工资是指一定时期内员工平均每人所得的工资数额。（　　）
36. 新参加工作员工的见习工资属于特殊情况下支付的工资。（　　）
37. 岗位评估的主要依据是工作分析的信息。（　　）
38. 计划生育独生子女补贴属于工资总额的范围。（　　）
39. 最低工资率是指单位时间的最低工资数额。（　　）
40. 工资挂钩办法是国家对国有企业工资总额进行管理的一种形式。（　　）

（二）单项选择题（下列每题的选项中，只有 1 个是正确的，请将其代号填在横线空白处）

1. 以下不属于岗位工资制形式的是________。

A. 一岗一薪制　　B. 一岗数薪制
C. 多岗一薪制　　D. 复合岗薪制

2. 岗位薪点工资制一般适用于________。

A. 销售型企业　　B. 生产型企业
C. 管理型企业　　D. 金融型企业

3. 组织采用哪种薪酬制度最终取决于________。

A. 员工的看法　　B. 财务部门的看法
C. 人力资源部门的看法　　D. 管理层对员工的看法

4. 实行能力工资制的难点在于________。

A. 工资标准的制定　　B. 能力的认定
C. 工资等级的分类　　D. 劳动绩效的衡量

5. 以下不属于技术等级制基本因素的是________。

A. 工资标准　　B. 工资等级表
C. 技术等级标准　　D. 劳动绩效

6. 关于技术等级工资制的工资标准计算公式，下列错误的是________。

A. 一级工资标准＝用于技能工资的工资总额÷本企业工资等级系数之和

B. 工资等级系数之和＝$\sum$ 每级工资等级系数×每一级等级员工数

C. 各等级工资标准＝一级工资标准×各等级工资标准系数

D. 一级工资标准＝本企业工资系数之和÷用于技能工资的工资总额

7. 以下不属于技术等级工资制适用工种特点的是________。

A. 技术复杂程度比较高　　B. 工人劳动差别大

C. 分工较细　　D. 工作物不固定

8. 关于能力薪酬体系的内涵，下列说法错误的是________。

A. 能力薪酬体系实际上是在技能薪酬体系基础上的扩展

B. 广义的技能薪酬体系已包括能力薪酬体系

C. 绩效行为能力又被称为素质、胜任力

D. 能力模块着眼于将可观察的行为转化为核心能力

9. 以下不是绩效加薪关键要素的是________。

A. 绩效的评定标准　　B. 加薪的幅度

C. 加薪的时间　　D. 加薪的实施方式

10. 加薪的幅度主要取决于________。

A. 员工的要求　　B. 企业的支付能力

C. 政府的政策规定　　D. 市场物价

11. 关于加薪的实施方式，下列说法错误的是________。

A. 可以采取基本薪酬累积增长的方式

B. 可以采取一次性加薪的方式

C. 一次性加薪是常规的年度绩效加薪的一种变通措施

D. 一次性加薪通常是对处于所在薪酬等级最低层的员工所采取的绩效激励方式

12. 以下不属于计件工资条件的是________。

A. 计件数额　　B. 工作物等级

C. 劳动定额　　D. 计件单价

13. 计件工资的缺点是________。

A. 激励性差

B. 不能够反映劳动差别

C. 不易于计算单位产品直接人工成本

D. 容易出现片面追求数量而忽视产品质量的问题

14. 关于提成制，下列说法错误的是________。

A. 提成制计算简单，容易被销售人员理解

B. 多数企业实行的是完全提成制

C. 提成方式有全额提成和超额提成

D. 多数企业实行的是基本工资加销售提成的方式

15. 以下不属于结构工资包括部分的是________。

A. 津贴　　B. 基础工资　　C. 绩效工资　　D. 学历工资

16. 失业保险所需资金来源的部分，属于政府负担的是________。

A. 失业保险费　　B. 财政补贴　　C. 基金利息　　D. 其他基金

17. 失业保险金的给付期限，规定最长为________个月。

A. 36　　B. 24　　C. 12　　D. 6

18. 企业为员工缴纳的团体汽车保险属于________。

A. 实物性福利　　B. 服务性福利

C. 机会性福利　　D. 优惠性福利

19. 以下属于机会性福利的是________。

A. 免费工作餐　　B. 企业为员工举办的文化体育活动

C. 优惠疗养　　D. 企业外公费进修

20. 关于薪酬管理，下列说法中错误的是________。

A. 薪酬管理是企业高层管理者及员工最为关注的内容

B. 薪酬管理直接关系到企业人力资源管理的成效

C. 薪酬管理对企业的整体绩效产生影响

D. 薪酬管理加大了企业的经营成本

21. ________不是进行薪酬等级设定时，确定区间宽窄和职级数目多少的主要依据。

A. 工资结构线的斜率　　B. 职务总数的多少

C. 员工人数　　D. 企业的薪酬管理政策

22. 岗位评估的主要依据是________。

A. 工作分析　　B. 薪酬管理　　C. 薪酬调查　　D. 员工组成

23. 一般而言，最简单的岗位评估方法是________。

A. 分类套级法　　B. 要素计点法

C. 排序法　　D. 要素比较法

24. 关于岗位评估的方法，下列说法错误的是________。

A. 排序法的优点是快速简单、费用比较低

B. 分类套级法执行起来速度快

C. 要素计点法较为详细

D. 要素比较法的运用难度较低

25. 以下不属于分类套级法的缺点的是________。

A. 岗位等级描述容易出现范围过宽或过窄

B. 可以通过修改或歪曲工作说明书来操作评估结果

C. 成本较高

D. 难以说明不同等级的岗位之间的价值差距

26. 要素比价法与要素计点法不同的地方在于________。

A. 前者比较简单，后者比较复杂

B. 前者比较复杂，后者比较简单

C. 前者被评估岗位的报酬因素是与企业中关键性岗位的报酬进行比较的

D. 以上说法都是错误的

27. 以下不是工资支付包含内容的是________。

A. 工资支付项目　　B. 工资支付水平

C. 工资支付形式　　D. 经济补偿

28. 关于用人单位可以代扣的劳动者工资，下列说法错误的是________。

A. 员工的带薪假期工资

B. 用人单位代扣代缴的个人所得税

C. 用人单位代扣代缴的应有劳动者个人负担的各项社会保险费用

D. 法院判决、裁定中要求代扣代缴的抚养费、赡养费

29. 工资总额的计算应以________为依据。

A. 直接支付给职工的部分劳动

B. 间接支付给职工的部分劳动

C. 直接支付给职工的全部劳动

D. 间接支付给员工的全部劳动

30. 新参加工作员工的见习工资属于________。

A. 计时工资　　B. 计件工资　　C. 津贴和补贴　　D. 奖金

31. 下列支出属于工资总额范围的是________。

A. 稿费　　B. 计划生育独生子女补贴

C. 股息和利息　　D. 利润提成

32. 下列不属于工资效益统计方法的是________。

A. 每百元工资产品产量＝产品产量÷工资总额（百元）

B. 每百元工资产品产值＝产值÷工资总额（百元）

C. 每百元工资利润额＝实现利润总额÷工资总额（百元）

D. 每百元工资利润额＝产值÷工资总额（百元）

33. 以下不属于薪酬调查需要采集的资料的是________。

A. 有关组织性质的信息

B. 有关总的薪酬体系

C. 确定所研究的每个基准岗位特殊薪酬的信息

D. 有关员工素质的信息

34. 我国现阶段最可靠和最经济的薪酬调查渠道是________。

A. 委托专业机构进行调查　　B. 企业之间的相互调查

C. 从公开信息中了解　　D. 向应聘人员了解

35. 以下不属于员工薪酬满意度调查内容的是________。

A. 员工对本企业的认同因素

B. 员工对货币薪酬的满意度

C. 员工对薪酬整体水平和结构的认识和接受度

D. 员工对自身工作能力的认识

36. 最低工资率的确定按照________。

A. 政府规定

B. 企业自行制定

C. 员工与企业协商确定

D. 政府、工会、企业三方民主协商确定

37. 关于工资指导线，下列说法正确的是________。

A. 每年三月底以前公布，执行时间为一个日历年度

B. 每年六月底以前公布，执行时间为一个日历年度

C. 每年三月底以前公布，执行时间为半年

D. 每年六月底以前公布，执行时间为半年

38. 工资挂钩是指________。

A. 企业工资总额同员工绩效挂钩

B. 企业工资总额与社会效益挂钩

C. 企业工资总额同经济效益挂钩

D. 企业工资总额与企业规模挂钩

39. 关于劳动力市场工资指导价位制度，下列说法错误的是________。

A. 市场经济国家的通行做法

B. 促进市场均衡工资率的形成

C. 大大降低了市场劳动力的价格

D. 有利于企业工资宏观调控体系的建设

40. 关于人工成本预测预警制度，下列说法不正确的是________。

A. 由企业自行调查、收集、整理信息并公开发布

B. 有利于企业加强人工成本管理

C. 促进企业内部分配自我约束机制的形成

D. 有利于调节行业间、企业间的分配关系

（三）多项选择题（下列每题的选项中，至少有 2 个是正确的，请将其代号填在横线空白处）

1. 以下属于直接薪酬的是________。

A. 基本工资　　B. 加班及假日津贴　　C. 绩效奖金

D. 利润分享　　E. 股票期权　　F. 额外津贴

2. 薪酬管理的原则有________。

A. 竞争性　B. 公平性　C. 激励性
D. 经济性　E. 时效性　F. 现实性

3. 影响薪酬管理的因素包括________。

A. 政府政令　B. 劳动市场　C. 生活水平
D. 企业规模　E. 个人学历　F. 企业财务能力

4. 根据调薪水平的不同情况，薪酬调整可以分为________。

A. 物价性调整　B. 工龄性调整　C. 考核性调整
D. 奖励性调整　E. 效益性调整　F. 工资定级性调整

5. 岗位薪酬体系的优点有________。

A. 实现了真正意义上的同工同酬
B. 有利于按照岗位系列进行薪酬管理
C. 加大了员工提高自身技能和能力的动力
D. 有利于企业对多变的外部环境进行迅速反应
E. 有利于激发员工的工作积极性
F. 有利于及时激励员工

6. 岗位薪酬体系的设计步骤包括________。

A. 进行工作分析　B. 编写工作说明书
C. 进行岗位评估　D. 建立岗位结构
E. 编制实施细则

7. 岗位薪点工资制的组成内容包括________。

A. 基本生活费　B. 积累贡献　C. 津贴
D. 岗位工资　E. 利润分享

8. 技能薪酬的不足包括________。

A. 使薪酬出现短期内上涨的情况
B. 企业在培训方面付出更多投资
C. 设计和管理更为复杂
D. 不利于高技能水平员工对组织的全面理解
E. 不利于高度参与型管理风格的形成

9. 调查发现，技能薪酬体系使用率比较高的行业有________。

A. 食品加工业　B. 冶金和化学工业　C. 电子行业
D. 服务行业　E. 汽车及零部件制造业

10. 关于绩效薪酬，下列说法正确的是________。

A. 绩效薪酬从时间维度上可以分为长期性薪酬和短期性薪酬
B. 绩效薪酬从激励对象维度上可以分为个体性薪酬和团体性薪酬

C. 长期性绩效薪酬以股票所有权为代表
D. 短期性绩效薪酬有一次性奖金、绩效加薪等形式
E. 个体性绩效薪酬有计件工资制、佣金制等形式
F. 团体性绩效薪酬有收益分享、利润分享等形式

11. 绩效加薪的三大关键要素是________。
A. 加薪的幅度　B. 加薪的时间
C. 加薪的实施方式　D. 加薪的员工范围
E. 绩效的评定标准

12. 奖金的特点包括________。
A. 单一性　B. 灵活性　C. 稳定性
D. 及时性　E. 荣誉性　F. 多样性

13. 以下属于企业优惠性福利的是________。
A. 免费工作午餐　B. 企业外公费进修
C. 低价工作餐　D. 部分公费医疗
E. 荣誉性头衔　F. 咨询性服务

14. 工资支付主要包括________。
A. 工资支付项目　B. 工资支付水平
C. 工资支付形式　D. 工资支付对象
E. 工资支付时间　F. 特殊情况下的工资支付

15. 岗位评估的方法有________。
A. 排序法　B. 分类套级法
C. 要素计点法　D. 要素比较法
E. 要数积累法　F. 分类考核法

16. 企业薪酬管理的流程有________。
A. 企业薪酬政策与目标　B. 工作分析和岗位评估
C. 薪酬调查　D. 薪酬制度结构的确定
E. 薪酬分等定薪　F. 薪酬制度的贯彻实施

17. 薪酬调查可采用的方法包括________。
A. 企业之间相互调查　B. 委托专业机构进行调查
C. 从公开的信息中了解　D. 电话调查
E. 聘用商业间谍调查

18. 薪酬调查的实施步骤有________。
A. 确定调查目的　B. 确定调查范围
C. 确定调查内容　D. 选择调查方式
E. 整理和分析调查数据

19. 按照国家的有关规定，工资总额由________组成。

A. 计时工资　　B. 计件工资　　C. 奖金

D. 津贴和补贴　　E. 加班加点工资　　F. 特殊情况下支付的工资

20. 工资指导线的制定应遵循的原则包括________。

A. 符合国家宏观经济政策和对工资增长的总体要求

B. “两低于”原则

C. 分级管理、分类调控原则

D. 企业利润最大化原则

E. 协商原则

（四）实务操作题

实务操作第1题

背景描述1：

计时工资制是根据员工的计时工资标准和工作时间来计算工资并支付给员工劳动报酬的形式。其计算公式为：计时工资＝工资标准×实际工作时间。

通常，按照计算的时间单位不同，我国常用的方法有月薪制、日薪制和小时工资制。采用月薪制计算员工工资时，需要考虑以下因素：①月标准工资；②日标准工资率、小时标准工资率；③出勤和缺勤天数；④特定情况下计时工资的比例。

背景描述2：

兰恩公司的员工李明月标准工资为1 200元，2007年10月请事假5天，病假6天。事假和病假中各有法定节假日1天。李明参加工作有8年了，根据兰恩公司的人事规定，参加工作0～1年的病假期间的工资按其月标准工资的50%支付；1～5年的按60%支付；5～10年的按70%支付；10～15年的按80%支付；15年以上的按95%支付。

操作要求：

1. 按全年法定工作天数计算，李明10月份的计时工资应该是多少？

2. 按全年每月工作天数30天计算，李明10月份的计时工资是多少？

3. 如果当月应工作天数按当月应满勤天数计算的话，李明10月份的计时工资应该是多少？

实务操作第2题

背景描述1：

集体计件工资是由于产品加工过程复杂，需要若干工人分工协作才能完成，且计件小组内每个员工的责任不易分清等原因造成的。集体计件工资是用集体完成的合格和视同合格的产品的数量，乘以计件单价，再减去废品赔偿金额的方法计算出来的工资。分配集体计件工资的关键是计算计件小组计件工资总额、确定分配标准和分配计件工资三个方面。常用的集体计件工资分配标准有计时工资和实际工作天数两种。

背景描述 2：

郑升、赵林、周平、刘东四个人是上海东风汽车配件制造公司的员工，作为 ASB 部门的一个加工小组，主要负责 1 号产品的生产。对于技术工人的工资，上海东风汽车配件制造公司实行技术等级制，一共分 4 等，基础月标准工资为 600 元。郑升是一位已有 12 年工龄的老工人，也是这个小组的组长，其技术等级为最高级 4 级，即月标准工资为 2 400 元；赵林、周平、刘东的技术等级则分别为 3 级、2 级、1 级。2007 年 8 月，郑升、赵林、周平、刘东实际完成的工时数分别为 120 小时、130 小时、140 小时和 160 小时。根据他们小组完成的产量和 1 号产品的单价，他们小组 2007 年 8 月的计价工资总额为 12 000 元。

操作要求：

1. 请用计时工资作为分配标准，计算他们四个人 2007 年 8 月份的计件工资是多少？（每月工作天数按 30 天计算）

2. 请用实际工作天数（小时）作为分配标准，计算他们四个人 2007 年 8 月份的计件工资是多少？

实务操作第 3 题

背景描述 1：

薪酬管理一直以来都是企业人力资源管理中最重要的一个环节。通常，薪酬管理包括：确定薪酬管理的目标；选择薪酬政策；制订薪酬计划；调整薪酬结构；薪酬执行实施等。为了确保薪酬计划能达到薪酬管理的目标，组织实施过程就显得非常重要。

背景描述 2：

东风汽车股份有限公司是国内大型知名企业，为了进一步激励员工，更好地调动广大员工的工作积极性，公司制定了独具特色的薪酬系统，包括：组织系统、指标系统、考核系统、结构系统、支付系统、仲裁系统等 6 大系统。

为了确保薪酬管理的质量，公司成立了薪酬管理委员会，负责研究、制定重大薪酬政策，并领导公司的薪酬考核委员会、技术/管理专家评审委员会、薪酬仲裁委员会和公司二级单位的薪酬管理委员会的工作。

操作要求：

1. 用图表的形式勾画出东风汽车股份有限公司的组织系统图。

2. 结合所学的人力资源管理的理论，你认为薪酬考核委员会、技术/管理专家评审委员会、薪酬仲裁委员会的具体职责是什么？应该由哪些人员组成？

实务操作第 4 题

背景描述 1：

企业工资制度是关于企业定额劳动、标准报酬的制度，它是企业内部多种分配的基础，是确定和调整企业内部各类人员工资关系的主要依据，也是企业制定内部工资计划的重要参考。结构工资制则是指基于工资的不同功能，划分出若干个相对对立的工资单元，各单元又规定不同的结构系数，组成有质的区别和量的比例关系的工资结构。结构工资制一般包括：基础工资、岗位工资、技能工资、效益工资、浮动工资、年功工资。

背景描述 2：

华科电子元件厂是一家大型的国营生产企业，随着市场化进程的推进，工厂为了更好地调动职工的工作积极性，对原有的工资制度进行了大幅度的调整。在综合分析基本保障型与效益激励型两种类型的薪酬结构的利弊后，结合华科电子元件厂目前的发展情况，公司决定其员工的薪酬结构分为 3 块：工资、奖金和其他奖励。在工资部分，为了强化员工的责任心，将结构工资与考核工资的比例由原来的 6∶4 变成了 4∶6；并在年终奖的基础上增加了一事一奖的即时奖和特殊贡献的总裁特别奖；对公司中高层管理者和技术骨干，公司还有特别奖项的奖励，如期股期权、商业保险、技术津贴、特殊住房津贴、岗位津贴等。

操作要求：

根据资料绘制出华科电子元件厂的薪酬结构图。

实务操作第 5 题

背景描述 1：

技术等级工资制是按照员工所达到的技术等级标准确定工资等级，并按照确定的等级工资标准计付劳动报酬的一种制度。技术等级工资制由工资标准、工资等级表和技术等级标准三个基本因素组成。工资等级表用来规定员工的工资等级数目以及各工资等级之间差别的一览表，它包括工资等级数目、工资等级差别、工资等级线。工资等级线用来规定各工种或各岗位的起点等级和最高等级的界限。

背景描述 2：

拓普集团的薪酬管理制度

第一章　基本原则

第二章　　薪酬体制

……

第七章　　薪酬等级结构

第十七条　集团公司确定薪酬高低的依据是各个岗位的重要程度、责任大小和难度高低，从而给每个岗位确定一个相对固定的工资额，每个岗位的工资额又可分为 2～3 个小等级。

第十八条　现行技术类员工（研发人员）月薪等级，可分为 3 大级 8 小级：

①系统分析员/高级工程师：一级 5 000 元；二级 4 000 元；三级 3 000 元。

②高级程序员/工程师：一级 2 500 元；二级 2 000 元；三级 1 500 元。

③程序员/助理工程师：一级 1 000 元；二级 600 元。

操作要求：

1. 绘制出拓普集团技术类员工的工资等级线。

2. 根据所绘制的拓普集团的工资等级线，说明制定工资等级表的步骤。

四、单元测试题答案

(一) 判断题

1. √ 2. × 3. √ 4. √ 5. × 6. √ 7. √ 8. √ 9. √ 10. × 11. √ 12. √ 13. × 14. √ 15. × 16. × 17. √ 18. √ 19. √ 20. √ 21. √ 22. × 23. √ 24. √ 25. √ 26. × 27. × 28. √ 29. √ 30. √ 31. × 32. × 33. √ 34. √ 35. √ 36. × 37. √ 38. × 39. √ 40. √

(二) 单项选择题

1. C 2. B 3. D 4. B 5. D 6. D 7. C 8. D 9. A 10. B 11. D 12. A 13. D 14. B 15. A 16. B 17. B 18. B 19. D 20. D 21. C 22. A 23. C 24. D 25. C 26. C 27. D 28. A 29. C 30. A 31. D 32. D 33. D 34. B 35. D 36. D 37. A 38. C 39. C 40. A

(三) 多项选择题

1. ABCDE 2. ABCD 3. ABCDEF 4. ABCDEF 5. ABC 6. ABCD 7. ABCD 8. ABC 9. ABCDE 10. ABCDEF 11. ABC 12. ABDE 13. CD 14. ABCDEF 15. ABCD 16. ABCDEF 17. ABC 18. ABCDE 19. ABCDEF 20. ABCE

(四) 实务操作题

实务操作第 1 题

1. 按全年法定工作天数计算

(1) 全年法定工作天数＝365－104－11＝250（天）

(2) 每月的法定工作天数＝250÷12＝20.83（天）

(3) 日工资率＝1 200÷20.83＝57.61（元）

由于按 20.83 天计算当月应工作天数时，已经将节假日排除在应工作天数之外了。所以，此时计算计时工资时，节假日就不应该扣工资了。

(4) 李明 10 月份的计时工资＝1 200－(5－1)×57.61－(6－1)×57.61×(1－70%)＝883.15（元）

或＝1 200－[(5－1)＋(6－1)×30%]×57.61＝883.15（元）

2. 按全年每月工作天数 30 天计算

(1) 日工资率＝1 200÷30＝40（元）

（2）李明10月份的计时工资＝1 200－5×40－6×(1－70%)×40＝928（元）

如果按30天计算的话，节假日也应视同工作天数。所以，如果病假和事假包括节假日的话，应该按缺勤处理，是要扣工资的。

3. 当月应工作天数按当月应满勤天数计算

（1）当月应满勤天数＝当月日历天数－法定休息天数－法定节假日天数

＝31－8－3＝20（天）

（2）日工资率＝1 200÷20＝60（元）

（3）李明10月份的计时工资＝1 200－(5－1)×60－(6－1)×(1－70%)×60＝870（元）

实务操作第2题

1. 用计时工资作为分配标准

（1）计算郑升、赵林、周平、刘东4人的计时工资：

郑升的计时工资＝$\frac{2\ 400}{30\times 8}\times 120=1\ 200$（元）

赵林的计时工资＝$\frac{1\ 800}{30\times 8}\times 130=975$（元）

周平的计时工资＝$\frac{1\ 200}{30\times 8}\times 140=700$（元）

刘东的计时工资＝$\frac{600}{30\times 8}\times 160=400$（元）

（2）计算：

集体计件工资分配率＝12 000÷(1 200＋975＋700＋400)＝3.664 1

（3）分配集体计件工资：

郑升8月份的计时工资＝1 200×3.664 1＝4 396.92（元）

赵林8月份的计时工资＝975×3.664 1＝3 572.50（元）

周平8月份的计时工资＝700×3.664 1＝2 564.87（元）

刘东8月份的计时工资＝400×3.664 1＝1 465.64（元）

2. 用实际工作小时作为分配标准

（1）计算郑升、赵林、周平、刘东4人的集体计件工资分配率：

集体计件工资分配率＝12 000÷(120＋130＋140＋160)＝21.818 2

（2）分配集体计件工资：

郑升8月份的计时工资＝21.818 2×120＝2 618.18（元）

赵林8月份的计时工资＝21.818 2×130＝2 836.37（元）

周平8月份的计时工资＝21.818 2×140＝3 054.55（元）

刘东8月份的计时工资＝21.818 2×160＝3 490.91（元）

实务操作第 3 题

1. 东风汽车股份有限公司薪酬管理系统中的组织系统图如下：

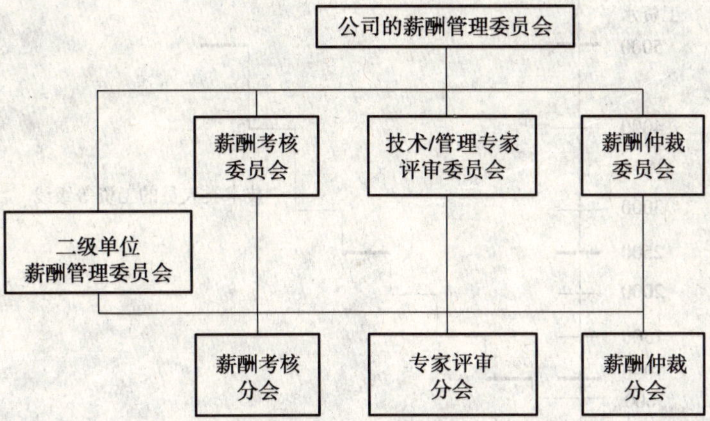

2. 这 3 个委员会的主要职责和人员组成分别是：

（1）薪酬考核委员会：应该由公司职能部门的负责人组成，主要职责包括制定业绩考核的原则、具体考核指标、考核结果的运用、考核工作的推进等。

（2）技术/管理专家评审委员会：应该由公司的高级技术人员组成，主要应该来自技术研发部门的管理者和技术专家。作为生产汽车的大型企业，产品的技术含量高，为把好产品质量关，相应地对人员的技术素质要求也就高了。这个委员会主要负责对新产品的研发、产品质量等级的确认、成果验收与评价等。

（3）薪酬仲裁委员会：应该由公司的人力资源部负责人、工会、职工代表等组成，主要是负责员工对考核结果不满的投诉，并给予相应的解释、调解、裁定等。

同时，这三个委员会还应该肩负着有效地落实并推行公司薪酬管理委员会的各项决议，及与员工沟通的责任。

实务操作第 4 题

华科电子元件厂的薪酬结构图如下：

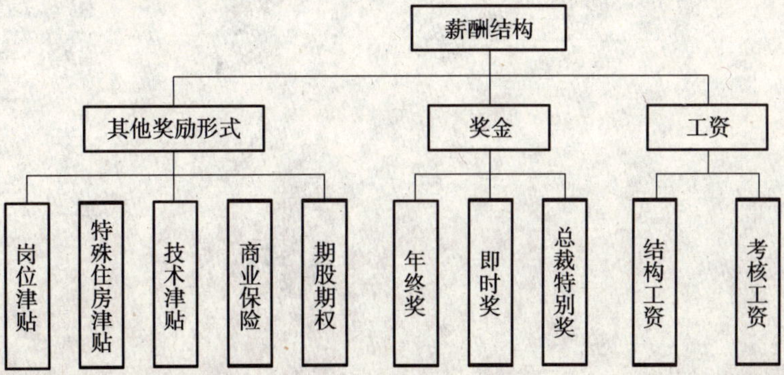

实务操作第 5 题

1. 拓普集团技术类员工的工资等级线：

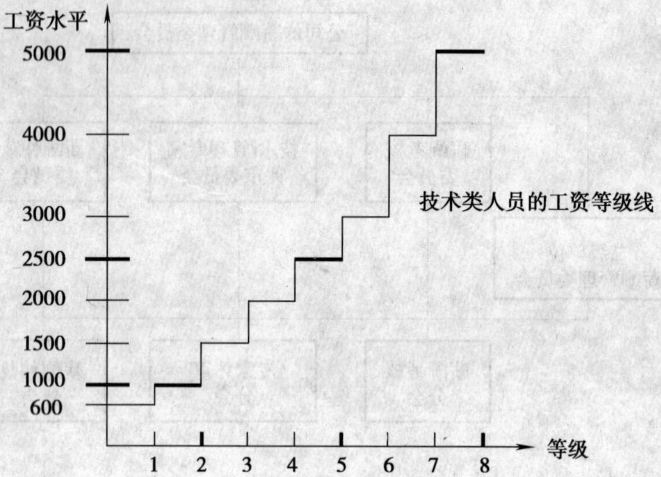

2. 制定工资等级表的步骤包括：

(1) 确定等级数目。

(2) 划分工资等级线。

(3) 确定工资等级表幅度。

(4) 制定工资等级系数。

(5) 对工资等级表进行修订。

第 6 单元

劳动关系管理

一、学习要求

通过本单元的培训，学员应该对我国劳动法的产生和发展历史有比较清晰的认识；掌握劳动法的基本知识，包括概念、适用范围以及其他相关规定；掌握劳动关系及劳动法律关系相关规定；掌握职业资格证书制度有关知识。

二、职业技能鉴定考核要点

鉴定范围	鉴定点	重要程度
劳动法简史	国外劳动法的产生与发展	★
	我国劳动立法的产生与发展	★★
劳动法概论	劳动法概念	★★★
	劳动法适用范围及其他规定	★★★
劳动关系与劳动法律关系	劳动关系	★★
	劳动法律关系	★★★
职业资格证书制度	职业技能标准与考核制度	★★
	职业资格证书制度	★★

三、单元测试题

(一) 判断题（下列判断正确的请打“√”，错误的打“×”）

1. 雇佣劳动关系萌芽于资本主义社会的原始积累阶段。 （ ）

2. 在资本主义社会的初始阶段，劳动力是一种商品，劳动关系就是劳动力的买卖关系。 （ ）

3. 伊丽莎白时期的学徒法规定，在法律规定的定额以上支付工资的人受到政府的奖励。 （ ）

4. “自由地”买卖劳动力表明工人实质上是自由的。 （ ）

5. 19 世纪初，劳动法成了一个基本独立的法律部门。 （ ）

6. 美国的《劳资关系法》是在反工人立法的背景下产生的。 （ ）

7. 1994 年，我国第一次以法律形式对劳动关系的调整做出了综合性的规定。 （ ）

8. 在我国，劳动法就是指《中华人民共和国劳动法》（以下简称《劳动法》）。 （ ）

9. 经我国人民代表大会常务委员会批准、在我国生效的国际劳工公约，不属于我国劳动法的表现形式。 （ ）

10. 原则上，一般法与特别法有不同规定的，适用特别法的规定。 （ ）

11. 在劳动者与用人单位之间，劳动关系当事人的地位是完全相等的。（ ）

12.《中华人民共和国劳动法》自 1995 年 1 月 1 日起施行。（ ）

13. 我国所有的用人单位包括企业性的用人单位和非企业性的用人单位都适用《劳动法》。（ ）

14. 工会有权代表职工与企业签订集体合同。（ ）

15. 劳动关系是劳动力所有者和劳动力使用者之间的法律关系。（ ）

16. 农民在市场上出售自己的劳动产品也形成一种劳动关系。（ ）

17. 劳务关系是指当事人之间因提供劳务而发生的关系，双方为之签订的劳务合同属于民事合同的范畴。（ ）

18. 国务院发布的《国营企业招用工人暂行规定》中规定招用职工必须“具备初中以上文化程度”。（ ）

19. 对于被国家司法部门依法剥夺自由期间的公民，无权自由支配自己的劳动能力。（ ）

20. 工会有协助用人单位办好集体福利、开展培训等有关活动的义务。（ ）

21. 依法制定的技术等级标准具有法律约束力。（ ）

22. 上岗考核的对象是新员工。（ ）

23. 职业技能鉴定是以自愿的原则进行的。（ ）

24. 职业资格证书所载明持证人所具有的技术等级或学历，具有权利凭证的性质。（ ）

25.《岗位合格证书》由行业主管部门或企业自行印制，由企业法人自行颁发。（ ）

26.《中华人民共和国劳动合同法》（以下简称《劳动合同法》）是《劳动法》的细化。（ ）

27. 事业单位非聘用制人员不适用《劳动合同法》。（ ）

28.《劳动合同法》规定：用人单位未在自用工之日起一个月内订立书面劳动合同，且在自用工之日起一年内没有订立书面劳动合同的，应当在此期间向劳动者每月支付三倍的工资。（ ）

29. 用人单位规章制度违反法律、法规规定的，直接涉及劳动者切身利益的，由劳动行政部门责令改正，给予警告；给劳动者造成损害的，应当承担赔偿责任。（ ）

30. 用人单位自用工之日起满一年不与劳动者订立书面劳动合同的，视为用人单位与劳动者已订立无固定期限劳动合同。（ ）

31. 企业可以不为试用期的员工缴纳社保费。（ ）

32. 劳动合同的解除和终止同义。（ ）

33. 国家实行劳动者每日工作时间不超过八小时，平均每周工作时间不超过四十小时的工时制度。（ ）

34. 休息日安排劳动者工作又不能安排补休的，支付不低于工资的百分之三百的工资报酬。 （ ）

35. 劳动者连续工作一年以上的，可享受带薪年休假。 （ ）

36. 对怀孕七个月以上的女职工，不得安排其延长工作时间和夜班劳动。 （ ）

37. 提出仲裁要求的一方应当自劳动争议发生之日起30日内向劳动争议仲裁委员会提出书面申请。 （ ）

38. 从事特种作业的劳动者必须经过专门培训并取得特种作业资格，《特种作业人员操作证》是国家职业资格证书的一种。 （ ）

39. 在校生利用业余时间勤工俭学，不视为就业，未建立劳动关系，可以不签订劳动合同。 （ ）

40. 男性不享受生育保险。 （ ）

（二）单项选择题（下列每题的选项中，只有1个是正确的，请将其代号填在横线空白处）

1. 历史上第一部为保护工人利益而制定的法律是________。

A.《劳工法规》 B.《学徒健康与道德法》

C.《公平劳动标准法》 D.《苏联劳动法典》

2. 第二次世界大战前，一些国家把劳动立法作为法西斯专政和控制工人的工具，其中不包括________。

A. 美国 B. 日本 C. 意大利 D. 德国

3.《劳动法》规定在用人单位实行经济性裁员时，应当提前________向工会说明情况，听取意见。

A. 30天 B. 两个月 C. 15天 D. 一个星期

4. 我国劳动法律关系的客体是指________。

A. 劳动者 B. 劳动活动 C. 用人单位 D. 工会

5. 我国一般规定年龄满________岁为法定就业年龄。

A. 18 B. 14 C. 16 D. 20

6. 政府对某些责任较大、社会通用性强、关系公共利益的专业或工种实行准入控制，这被称为________。

A. 从业资格 B. 职业资格 C. 上岗资格 D. 执业资格

7. 劳动者在同一用人单位工作满________年以上，当事人双方同意延续劳动合同的，如果劳动者提出订立无固定期限的劳动合同，应当订立无固定期限的劳动合同。

A. 20 B. 15 C. 10 D. 5

8.《劳动法》中规定劳动合同的试用期不得超过________。

A. 三个月 B. 一年 C. 两个月 D. 六个月

9. 劳动行政部门自收到集体合同文本之日起________天内未提出异议的，集体合同即行生效。

A. 15　　B. 30　　C. 7　　D. 10

10. 2007 年颁布的《劳动合同法》规定合同期限大于或等于三个月小于一年，其试用期限不得超过________。

A. 两个月　　B. 六个月　　C. 一个月　　D. 无试用期

11. 如果 2007 年《劳动合同法》与《劳动法》中对劳动合同的相关规定有出入，适用________。

A.《劳动合同法》　　B.《劳动法》

C. 两法协商　　D. 用人单位决定

12. 非全日制用工，是指以小时计酬为主，劳动者在同一用人单位一般平均每日工作时间不超过________小时。

A. 8　　B. 11　　C. 4　　D. 9

13.《劳动法》规定女职工生育享受不少于________天的产假。

A. 30　　B. 60　　C. 90　　D. 120

14.《关于职工探亲待遇的规定》规定未婚者探望父母的，每年给假一次，________。

A. 30 天　　B. 20 天　　C. 45 天　　D. 40 天

15. 劳务派遣单位应当与被派遣劳动者订立________的固定期限劳动合同。

A. 两年以上　　B. 一年以上　　C. 半年以上　　D. 五年以上

16. 劳动者解除或者终止劳动合同后，到与本单位生产或者经营同类产品、从事同类业务的有竞争关系的其他用人单位，或者自己开业生产或者经营同类产品、从事同类业务的竞业限制期限，不得超过________。

A. 半年　　B. 一年　　C. 两年　　D. 三年

17. 劳动者在试用期间解除劳动合同的，应提前________通知用人单位。

A. 3 天　　B. 15 天　　C. 30 天　　D. 10 天

18. 用人单位应当在解除或者终止劳动合同时出具解除或者终止劳动合同的证明，并在________日内为劳动者办理档案和社会保险关系转移手续。

A. 30　　B. 10　　C. 15　　D. 7

19. 劳动法的核心内容是________。

A. 调整劳动关系　　B. 保护劳动者权益

C. 保护用人单位权益　　D. 规范社会秩序

20. 1802 年英国制定的《学徒健康与道德法》规定纺织工厂禁止招用________岁以下童工。

A. 12　　B. 16　　C. 9　　D. 6

21. 我国现阶段的社会保障体系中，主要针对劳动者的是________。

A. 社会保险　　B. 社会优抚　　C. 社会救济　　D. 社会救助

22. 职工王某 1988 年 4 月 1 日在甲公司参加工作，2000 年 4 月 1 日调入乙公司工作。2001 年 5 月 1 日王某患重病须住院治疗，他的医疗期应该是________。

A. 3 个月　　B. 4 个月　　C. 5 个月　　D. 6 个月

23. ________不属于劳动安全卫生保护费用。

A. 劳动安全卫生保护设施更新改造费用

B. 健康检查和职业病防治费用

C. 劳动安全卫生防护品研发费用

D. 工伤保险费

24. 劳动法律关系与劳动关系的区别是________。

A. 形成的前提条件不同，对象和效力不同

B. 形成的基本过程不同，对象和效力不同

C. 形成的前提条件不同，内容和效力不同

D. 形成的基本过程不同，内容和效力不同

25. 订立为期 2 年的劳动合同，双方约定了 2 个月的试用期，则劳动合同的期限为________。

A. 24 个月　　B. 26 个月

C. 22 个月　　D. 双方约定的终止条件出现

26. 在劳动合同条款中，属于约定条款的是________。

A. 劳动报酬　　B. 劳动纪律

C. 试用期限　　D. 劳动合同终止的条件

27. 关于劳动合同的解除与中止，表述错误的是________。

A. 劳动者涉嫌违法犯罪被限制人身自由，且未被做出终审判决期间，不能解除劳动合同

B. 当同时出现可解除和不可以解除劳动合同的条件时，用人单位应服从不得解除劳动合同的条件

C. 第三方招用未与原用人单位解除劳动合同的劳动者，对原用人单位造成损失的，除该劳动者承担直接赔偿责任外，该用人单位应承担连带赔偿责任

D. 由用人单位提出，协议解除劳动合同的经济补偿金，应按照劳动者在本单位的工作年限，工作时间每满一年发给相当于一个月的工资作为经济补偿金，最多不超过 24 个月

28. 劳动合同的主体具有特定性，下面说法不正确的是________。

A. 合同的一方是用人单位，另一方必定是劳动者

B. 作为劳动合同主体的劳动者，要有就业要求，具有劳动行为

C. 用人单位不可以是个体经济组织

D. 用人单位必须依法成立，能够以自己的名义承担相应的民事责任

29. 某企业招用张某为职员，双方签有劳动合同。在________的情况下，该企业可以提前 30 日以书面形式通知张某，解除劳动合同。

A. 张某患病住院

B. 张某与一同事人际关系紧张，影响了工作效率和团队协作

C. 张某患职业病或者因工负伤并被确认丧失劳动能力

D. 张某不能胜任工作，经过培训或者调整工作岗位，仍不能胜任工作

30. ________是劳动法律关系的主体。

A. 劳动者和用人单位　　B. 劳动关系和行政关系

C. 劳动者和行政主体　　D. 用人单位和行政主体

31. 李某原是国有 A 企业的职工，公司临时放假，李某到 B 公司应聘，并签订了劳动合同，结果 A 公司把李某告上法庭，要求赔偿，此时，________。

A. B 单位不承担连带赔偿责任

B. 李某自己承担全部责任

C. A 单位和 B 公司没有民事法律关系

D. B 单位承担连带赔偿责任

32. 失业保险基金的筹集主要有以下三个原则：________、无偿性原则、固定性原则。

A. 强迫原则　　B. 强制性原则　　C. 强行原则　　D. 协商原则

33. 提出劳动合同续订要求的一方应在合同到期前________个月书面通知对方。

A. 6　　B. 3　　C. 1　　D. 半

34. 集体劳动合同体制以________为主导体制。

A. 基层集体合同　　B. 行业集体合同

C. 集团集体合同　　D. 地区集中合同

35. 劳动关系是指用人单位与劳动者在________中所发生的关系。

A. 生产过程　　B. 劳动过程　　C. 雇佣过程　　D. 合作过程

36. 劳动争议的申诉时效为________日。

A. 15　　B. 30　　C. 60　　D. 90

37. 劳动合同的无效只能由________确认。

A. 劳动争议仲裁委员会

B. 人民法院

C. 劳动争议仲裁委员会和人民法院

D. 劳动争议调解委员会

38. 劳动关系以________的分离为核心。

A. 劳动力的所有权和支配权　　B. 劳动力的所有权和使用权

C. 劳动力的使用权和支配权　　D. 劳动力的所有权和管辖权

39. 公民有劳动的________，这是我国劳动法的基本原则。

A. 权益和义务　B. 责任和义务　C. 权利和义务　D. 权利和责任

40. 实行劳动合同制度为规范劳动关系________的行为。

A. 双方　B. 一方　C. 三方　D. 各方

41. 以下________不属于劳动安全卫生的分类标准。

A. 国家标准　B. 地方标准　C. 企业标准　D. 行业标准

42. ________是劳动争议处理应当遵循的原则之一。

A. 保护当事人合法权益　B. 保护劳动者合法权益

C. 保护企业合法权益　D. 当事人在适用法律上一律平等

43. 劳动合同的变更指双方当事人就已订立的劳动合同的________达成修改或补充的法律行为。

A. 期限　B. 条件　C. 合同条款　D. 报酬

44. 集体合同履行过程中，企业工会应承担________的责任。

A. 检查落实　B. 督促检查　C. 组织落实　D. 监督检查

45. 企业违反了集体合同规定的义务，应当承担________。

A. 行政责任　B. 道义责任　C. 经济责任　D. 法律责任

46. 集体合同在正式签订后，由企业将集体合同报当地________部门审查。

A. 法律　B. 劳动监察　C. 劳动行政　D. 劳动管理

47. 根据职工工伤保险的有关规定，工伤医疗期待遇不包括________等。

A. 医疗待遇　B. 工伤津贴　C. 伤残抚恤金　D. 福利待遇

48. 劳动者以辞职的形式解除劳动合同必须提前________日通知。

A. 10　B. 15　C. 30　D. 45

49. 执行女职工生理机能变化过程中的特殊保护不包括________。

A. 孕期保护　B. 产期保护

C. 哺乳保护　D. 生病住院期间保护

50. 有关________的内容不包括在劳动法条款内。

A. 职业培训　B. 劳动争议处理

C. 厂规厂纪　D. 劳动监察

51. 劳动关系当事人为明确劳动关系特定的权利义务，在平等自愿、协商一致的基础上达成的契约称为________。

A. 劳动合同　B. 专项协议　C. 法定条款　D. 约定条款

52. 企业内部劳动关系管理制度的主体是________。

A. 国家　B. 企业主管部门

C. 企业　D. 企业与工会

53. 按照《劳动合同法》第八十五条的规定，用人单位解除或者终止劳动合同，未依照本法规定向劳动者支付经济补偿的，________。

A. 由劳动保障行政部门责令用人单位限期支付经济补偿

B. 由劳动保障行政部门责令用人单位限期支付，但用人单位逾期不支付的，由劳动保障行政部门责令用人单位按应付金额 50%以上 100%以下的标准向劳动者加付赔偿金

C. 由劳动保障行政部门以每人 1 000 元以上 2 000 以下的标准处以罚款

D. 由劳动保障行政部门责令用人单位双倍支付经济补偿

54. 劳动者的工种与岗位、工作地点和场所通常在劳动合同中的________条款加以规定。

A. 劳动纪律　　B. 劳动条件　　C. 工作内容　　D. 约定

55. 根据劳动的复杂程度、繁重与精确程度和责任大小来划分等级，根据等级规定工资标准。这是一种________。

A. 技术等级工资制　　B. 职务等级工资制

C. 结构工资制　　D. 多元化工资制

56. 我国的社会保险制度体系主要包括________、医疗保险、失业保险、工伤保险、生育保险等内容。

A. 养老保险　　B. 就业保险

C. 生活保障　　D. 住房公积金

57. 经济补偿金的发放原则是________。

A. 个人平均工资　　B. 利益获得原则

C. 就高不就低原则　　D. 企业平均工资

58. 根据《劳动合同法》第十一条的规定，用人单位未在用工的同时订立书面劳动合同，与劳动者约定的劳动报酬不明确的，新招用的劳动者的劳动报酬的支付标准是________。

A. 按集体合同规定的标准执行，没有集体合同或者集体合同未规定的，按最低工资标准支付

B. 按集体合同规定的标准执行，没有集体合同或者集体合同未规定的，按本单位同岗位劳动者工资的 80%支付

C. 按集体合同规定的标准执行，没有集体合同或者集体合同未规定的，实行同工同酬

D. 按集体合同规定的标准执行，没有集体合同或者集体合同未规定的，按本单位同岗位劳动者工资的 150%支付

59. 用人单位解除劳动合同，需对员工进行补偿，每满一年发________的工资。

A. 一年　　B. 半年　　C. 一个月　　D. 半个月

60. 用人单位应当保证劳动者每周至少休息________。

A. 一天　　B. 两天　　C. 半天　　D. 八小时

(三)多项选择题(下列每题的选项中，至少有 2 个是正确的，请将其代号填在横线空白处)

1. 我国劳动立法的产生、发展经历了________等重大时期。
   A. 恢复时期　　B. 形成时期
   C. 低谷时期　　D. 发展时期
   E. 成熟时期　　F. 多样化时期
2. 在国民经济恢复时期，各级人民政府制定和颁布了各个方面的法规，主要包括________。
   A.《中华人民共和国工会法》　　B.《关于废除“搜身”制度的决议》
   C.《关于劳动就业问题的决定》　　D.《国民劳动秩序法》
   E.《劳动保险条例》　　F.《关于劳资关系暂行办法》
3. 1954 年颁布的我国第一部宪法中，明确规定了公民具有________。
   A. 劳动权　　B. 遵守劳动纪律的义务
   C. 学习权　　D. 劳动报酬权
   E. 休息权　　F. 物质帮助权
   G. 民主管理和结社自由权　　H. 劳动仲裁权
4. 我国第一个五年计划时期的劳动立法包括________。
   A. 有关劳动纪律方面的一系列法规
   B. 有关职业安全与卫生方面的一系列法规
   C. 有关劳动制度的一系列法规
   D. 有关工资方面的一系列法规
   E. 有关劳动保险方面的一系列法规
5.《劳动法》的公布标志着我国的劳动立法进入成熟时期，和以前相比，其体现出了________。
   A. 变对企业的全面规定为最低保障要求
   B. 变劳动关系调整的静态模式为动态模式
   C. 变“企业立法”为国家立法
   D. 变政府的事前审批为事后仲裁、监察
   E. 变单纯的行政管理为管理和服务相结合
6. 我国劳动法的基本原则是________。
   A. 按需分配　　B. 各尽所能，按劳分配
   C. 保护劳动者　　D. 保护用人单位
7. 从劳动法学的角度来看，我国《劳动法》的适用范围包括________。
   A. 对人适用范围　　B. 空间适用范围
   C. 时间适用范围　　D. 内容适用范围

8. 我国在劳动方面的基本职责包括________。

A. 促进就业　　B. 发展职业教育

C. 制定劳动标准　　D. 调节社会收入

E. 完善社会保险　　F. 协调劳动关系

9. 劳动行政关系与劳动关系的区别主要表现为________。

A. 劳动行政关系具有法律效力，而劳动关系不具有法律效力

B. 劳动行政管理一般着眼于社会宏观利益，而劳动关系则往往着眼于微观利益的调整

C. 劳动行政管理是按指令和服从、组织和监督原则建立的上下级隶属关系，而劳动关系是按协商原则建立的合同管理

D. 劳动行政管理是无偿的关系，而劳动关系是有偿的经济管理

10. 职业技能标准包括________三部分。

A. 知识要求　　B. 道德要求

C. 技术要求　　D. 工作实例

11. 职业技能考核依据的标准有________。

A.《国家职业技能标准》　　B.《工人技术等级标准》

C.《技师考评条件》　　D. 企业内部的岗位规范

12. 依据技术标准的等级可以将职业技术标准分为________。

A. 特殊职业技术标准　　B. 国家职业技术标准

C. 行业职业技术标准　　D. 企业职业技术标准

13. 以下________情况，用人单位不得依据《劳动法》第二十六条、第二十七条的规定解除劳动合同。

A. 患职业病或者因工负伤并被确认丧失或者部分丧失劳动能力的

B. 患病或者负伤，在规定的医疗期内的

C. 女职工在孕期、产期、哺乳期内的

D. 在试用期被证明不符合录用条件的

E. 劳动者不能胜任工作，经过培训或者调整工作岗位，仍不能胜任工作的

14. 确定和调整最低工资标准应该综合参考各种因素，包括________。

A. 劳动者本人及平均赡养人口的最低生活费用

B. 社会平均工资水平

C. 劳动生产率

D. 就业状况

E. 地区之间经济发展水平的差异

15. 下列人员中的________不适用《劳动法》。

A. 家庭保姆　　B. 现役军人

C. 农业劳动者　　D. 公务员

E. 社会团体的工作人员

16. 劳动合同分为________。

A. 固定期限劳动合同　　B. 无固定期限劳动合同

C. 特殊期限劳动合同　　D. 以完成一定任务为期限的劳动合同

17. 以下________情况，劳动合同终止。

A. 劳动合同期满的

B. 劳动者开始依法享受基本养老保险待遇的

C. 劳动者死亡，或者被人民法院宣告死亡或者宣告失踪的

D. 用人单位被依法宣告破产的

E. 用人单位被吊销营业执照、责令关闭、撤销或者用人单位决定提前解散的

18. 劳动法在我国的社会主义建设中，起着重要的作用，包括________。

A. 贯彻国家的劳动政策　　B. 保障劳动者的合法权益

C. 推动社会主义精神文明建设　　D. 建立和谐的劳动关系

E. 促进经济发展　　F. 解决贫富差距

19. 我国企业内部劳动规则还被称为________。

A. 厂规厂纪　　B. 职工守则

C. 企业内部奖惩制度　　D. 企业规章制度

20. 企业调解委员会的组成包括________。

A. 职工代表　　B. 工会代表

C. 劳动行政部门代表　　D. 用人单位代表

（四）实务操作题

实务操作第1题

背景描述：

以下是某公司（甲方）和员工王某（乙方）签订的劳动合同的内容：

1. 乙方的职务为内部网络维护工程师，主要负责公司内部网数据规划和建设，负责内部的安全和维护。

2. 乙方的正常工作时间为每日8小时。

3. 甲方根据工作需要要求乙方加班时，乙方除不可抗拒的原因外，应予配合。

4. 乙方需要遵守《员工手册》中规定的各项劳动纪律。

5. 甲方应按月支付乙方报酬，乙方的工资待遇为2 000元/月。

6. 本合同一式两份，甲、乙双方各执一份，经双方签章后于2003年8月1日起生效。

7. 本合同为长期合同，甲、乙双方若无特别说明，本合同持续有效。

8. 甲、乙双方在履行本合同的过程中发生争议，同意以劳动局为第一审理机关。

问题：

请根据《劳动合同法》相关条款对该合同进行分析，指出其中不合理的地方。

实务操作第2题

背景描述：

1. 张某等10人是某住宅公司建筑工程队工人，月工资标准为750元。1996年9月，该公司决定建筑工程队实行日工资制，公司以月工资750元除以每月日历天数30天，得出日工资25元。小时工资用日工资25元除以8小时得出3.13元。10月份发工资时，张某等人实得工资529元，比过去少了221元。张某等人找到公司，提出日工资标准太低，要求补发。公司以日工资是由月工资标准换算而来为由，拒不补发。

2. 上海某食品公司因赶制中秋月饼，连续三天每日延长职工工作时间2小时，李某日工资标准为20元，小时工资标准为2.5元，企业每天支付给李某加班工资2.5元，三天共计7.5元。李某认为企业付给自己的加班工资不对，要求按不低于150%的工资报酬发给加班工资。而企业劳资科则认为，三天共发给李某7.5元加班工资是符合《劳动法》规定的，其计算办法为2.5元×2小时×150%＝7.5元，扣除已发给李某2小时的标准工资5元外，每天应发给李某2.5元的加班工资。

问题：

请根据《劳动合同法》分别分析以上两个案例中对工资的计算方法是否正确，为什么？

实务操作第3题

背景描述：

周某系某大型机床厂职工，1995年3月作为富余人员，周某被安排到该厂劳动服务公司批发部工作。厂里给批发部拨款10 000元作为扶持经费。1995年5月，该批发部由陈某承包经营，陈某与劳动服务公司签订了承包经营协议。协议约定，批发部在合法经营的前提下自付职工工资。但陈某从1995年8月至11月未向周某支付工资。在此以后，该劳动服务公司发现陈某在经营中有违法行为，从1996年1月令其停业整顿。周某自1995年8月整顿期间一直领不到工资，多次向劳动服务公司反映均得不到解决，便向劳动仲裁机关提出申诉。仲裁机关受案后，裁决周某的工资由机床厂支付。但是在处理此案时，对周某的工资由谁支持，另有两种意见：一种是由陈某承担，因其在承包经营时与劳动服务公司签有协议，协议约定由陈某支付员工工资；另一种意见认为拖欠周某的工资应由劳动服务公司支付，因为批发部作为劳动服务公司的一个业务部门，没有自主用人权利，且承包人陈某违法经营，是由劳动服务公司责令其停产整顿的。

问题：

本案所拖欠的工资应该由谁来支付？为什么？

实务操作第 4 题

背景描述：

1. 职工杨某 1977 年 9 月参加工作，先后在某市运输公司、邮电局等单位任职，1994 年 8 月调到食品公司工作，1995 年 5 月 17 日不幸摔伤住院，经医院确诊为轻度骨折，需要半年多时间才能痊愈。1995 年 8 月 20 日，公司通知杨某 3 个月的医疗期已满，如不能回公司上班工作将解除劳动关系。杨某提出自己已工作了十多年，3 个月的医疗期太短，而该公司认为杨某在公司工作了不到一年，如不能在 8 月 30 日前回公司上班便解除劳动关系。为此，杨某向当地劳动争议仲裁委员会提出申诉，请求仲裁委员会依法确定自己应当享受的医疗期待遇。仲裁委员会受案后，对双方根据实际情况做出调解，企业接受仲裁调解，给予杨某 6 个月的医疗期。

2. 刘华是上海市城镇居民户，1986 年 4 月 1 日到某饮料厂工作。刘华人职后，该厂一直未与其签订劳动合同。1999 年 7 月，该厂在为刘华办理社会保险手续时，将刘华参加工作的时间写成 1998 年 7 月，并把刘华的职工性质归类为临时工。根据该厂提供的材料，上海市社会保险基金管理中心便将刘华列入外地临时工的类别，社会养老保险的缴费日期从 1998 年 7 月开始。2000 年 11 月 15 日，某饮料厂以“厂经营情况变更”为由书面通知刘华解除劳动关系。刘华对工厂未为其缴纳 1998 年 7 月前的社会养老保险费的做法不服，向劳动争议仲裁委员会申请仲裁，要求工厂补缴其 1998 年 7 月前的社会养老保险费，并赔偿其失业后不能享受失业保险待遇造成的损失。

劳动争议仲裁委员会经审理后认为：申诉人（刘华）在职期间，虽然被诉人（某饮料厂）一直未与其依法签订劳动合同，但双方存在事实劳动关系，被诉人在 1999 年 7 月为申诉人办理社会养老保险登记时，擅自更改申诉人城市居民的身份，将申诉人列入外地临时工的类别。同时，由于被诉人未为申诉人参加社会失业保险，造成申诉人失业后不能享受失业保险待遇。经调解无效后，劳动争议仲裁委员会根据相关规定，裁决被诉人为申诉人补办 1986 年 4 月至 1998 年 6 月的社会养老保险手续。赔偿申诉人失业保险待遇损失 4 400 元。

问题：

1. 在以上两个案例中，劳动争议仲裁委员会的裁决是否正确？为什么？

2. 如果你是企业人力资源部门的经理，你认为在企业与员工建立劳动关系过程中应该注意些什么问题？

实务操作第 5 题

背景描述：

小武 1998 年 6 月与某科技公司签订了为期 3 年的劳动合同。合同期间，公司为了研制新项目派小武外出培训半年，当时双方书面约定，小武培训期间合同中止履行，待小武培训结束后继续履行，合同期按小武培训时间顺延。2001 年 12 月 31 日，按顺延时间劳动合同期满。公司提出要与小武续签合同，小武不同意。公司提出若不续签合同，小武就必须退还公司为其支付的培训费 20 000 元，否则不办理终止合同手续。为此，小武向当地劳动争议仲裁委员会提出申诉，请求该公司为其办理终止劳动合同的手续。仲裁委员会受理后，调查到小武与该公司所签劳动合同按协议已到期，小武不愿意续订劳动合同，要求终止劳动关系理由正当，应支持。经调解，企业放弃了索要培训费的要求，为小武办理了终止劳动合同的手续。

问题：

在此案例中，该公司的要求是否正确？为什么？如果你是该公司的人力资源工作人员，你认为企业的权益应如何保护？

四、单元测试题答案

（一）判断题

1. √ 2. √ 3. × 4. × 5. × 6. √ 7. √ 8. × 9. × 10. √ 11. × 12. √ 13. × 14. √ 15. × 16. × 17. √ 18. √ 19. √ 20. √ 21. √ 22. × 23. √ 24. × 25. √ 26. × 27. √ 28. × 29. √ 30. √ 31. × 32. × 33. × 34. × 35. √ 36. √ 37. × 38. √ 39. √ 40. √

（二）单项选择题

1. B 2. A 3. A 4. B 5. C 6. D 7. C 8. D 9. A 10. C 11. A 12. C 13. C 14. B 15. A 16. C 17. A 18. C 19. A 20. C 21. A 22. D 23. C 24. C 25. A 26. C 27. D 28. C 29. D 30. A 31. D 32. B 33. C 34. B 35. B 36. C 37. C 38. B 39. C 40. A 41. C 42. A 43. C 44. D 45. D 46. C 47. D 48. C 49. D 50. C 51. A 52. D 53. B 54. C 55. A 56. A 57. A 58. C 59. C 60. A

（三）多项选择题

1. BCDE 2. ABCEF 3. ABDEFG 4. ABCDE 5. ABCDE 6. BC 7. ABC 8. ABCDEF 9. BCD 10. ACD 11. ABCD 12. BCD 13. ABC 14. ABCDE 15. ABCD 16. ABD 17. ABCDE 18. ABCDE 19. ABCD 20. ABD

（四）实务操作题

实务操作第 1 题

1. 长期劳动合同应明确合同期限。
2. 应列出劳动保护和劳动条件。
3. 应列出社会保险项目。
4. 应列出劳动合同终止的条件。
5. 应列出违反劳动合同的责任。

实务操作第2题

1. 这是一起因工资问题发生的争议，焦点是怎样计算日工资和小时工资。本案中，该公司的计算方法是错误的。

制度工作天数计算公式为：

（全年日历天数—法定休假日天数—公休日）÷12个月＝每月制度工作天数

日工资为劳动者本人月工资标准除以每月制度工作天数，小时工资为日工资除以8小时。按照上述公式，每周实行40小时工作制时，每月制度工作天数为20.83天。以该公司工程队为例，每周实行40小时（每周五天）工时制度，公司与职工劳动合同规定月工资为750元，职工的日工资计算应为：750元÷20.83天＝36.01元，小时工资为：36.01元÷8小时＝4.50元。张某10月份应得750.09元。

从本案的情况看，该公司在计算劳动者工资时，把规定的应按劳动者月工资除以每月制度工作天数折算，没有扣除法定节假日和公休日，因此，出现了错误的结果。

2. 本案中食品公司劳资科对李某加班工资的计发办法是错误的。

该食品公司加班工资计发的错误主要表现在扣发了加班工资中本来就没有包括的正常标准工资。例如，李某小时工资标准为2.5元，日延长工作时间2小时，共延长工作时间3天，其加班加点工资的计算方式应为2.5元×2小时×3天×150%＝22.5元。在这里，食品公司从22.5元中扣除了李某每天正常标准工作时间2小时工资5元，三天共计15元，实际上，李某每天延长工作时间的2小时中，企业事先并没有发给其每小时2.5元的工资，每小时2.5元的工资是按每天日工作8小时工资5元，三天共计15元。也就是说，每小时2.5元的工资标准是计算加点工资的依据，加点工资报酬中不能扣发正常标准工作时间中相应的小时工资数额。

实务操作第3题

仲裁委员会裁决这起拖欠周某工资的劳动争议由机床厂支付是正确的。而其他两种意见虽都有一定道理，但从劳动法律关系看，都有偏颇。

1. 根据《劳动法》第十六条的规定，周某与该机床厂是使用和被使用的劳动关系，周某作为富余人员被安排到劳动服务公司批发部，只是厂里安排人员的一种方式，并未与该机床厂解除劳动关系。厂方将周某安排到劳动服务公司时，只给批发部10 000元扶持款，并没有对周某的使用关系做出任何明确的安排意见。因此，拖欠周某的工资应由该机床厂承担责任。至于机床厂和劳动服务公司之间的问题应由双方协商解决。

2. 批发部承包人陈某对批发部承包经营，只是经营方式的改变，并没有改变批发部作为劳动服务公司业务部门的性质，而且承包协议约定，批发部在合法经营的前提下自付人员工资。这就是说，一旦出现非法经营，受到查处便不能支付人员工资。本案中，周某的工资被拖欠正是由于该批发部非法经营，而且后来还由劳动服务公司责令其停产整顿。因此，让陈某承担拖欠周某的工资是不合理的。当然，由机床厂承担支付拖欠周某的工资，并不意味着承包人陈某万事大吉，陈某与劳动服务公司之间的承包经营关系，以及承包经营中出现的各种问题，包括员工工资的支付，应按承包经营的有关规定解决。

实务操作第 4 题

1. 第 1 个案例中，争议的实质问题是职工的医疗期如何计算。从案情陈述看，该食品公司的计算方法是错误的，是不符合法律规定的。该食品公司错就错在计算职工杨某医疗期时，只看杨某在本单位的工作年限，没有看杨某的实际工作年限。《企业职工患病或非因工负伤医疗期规定》第三条明确规定“实际工作年限十年以上的，在本单位工作五年以下的，医疗期为六个月”，很显然，职工杨某 1977 年 9 月参加工作，到 1995 年 5 月实际工作年限已将近 18 年之久，其非因工负伤后的医疗期应以杨某实际工作年限和在现在工作单位的工作年限合计作为条件来计算，即享受六个月的医疗期。

第 2 个案例中，劳动仲裁委员会的裁决是正确的。根据《中华人民共和国劳动法》第十六条规定：“建立劳动关系应当订立劳动合同。”该饮料厂招用工，长期不与劳动者订立劳动合同，已严重违反了以上规定。劳动争议仲裁委员会经过审理，认定存在事实劳动关系是合理的。

《中华人民共和国劳动法》第七十二条规定，用人单位和劳动者必须依法参加社会保险，缴纳社会保险费。养老保险、失业保险均是社会保险的项目之一，因此，用人单位应依法按时足额缴纳养老、失业保险费，否则，就会造成劳动者退休或失业时，不能享受社会保险待遇。在此案中，该饮料厂以更改劳动者的身份和参加工作年份达到减少缴纳劳动者的社会保险目的，显然，这种做法是违反《中华人民共和国劳动法》规定的，是对劳动者的合法权益的侵犯，应当予以纠正。劳动争议仲裁委员会依法裁定用人单位为劳动者补缴养老保险费，赔偿失业保险待遇损失，有效地保障了劳动者的合法权益。

2. 企业与员工建立劳动关系中应注意：

(1) 企业的劳动用工要符合劳动法律法规的规定，签订劳动合同。

(2) 劳动者的合法权益应得到保护。

(3) 企业的合法权益应在劳动合同中体现。

实务操作第 5 题

这是一起因续订劳动合同而发生的劳动争议案件，该公司的要求是不符合法律规定的。《劳动法》第二十三条规定，劳动合同期满或者当事人约定的劳动合同终止的条件出现，劳动合同即行终止。第十七条规定，订立和变更劳动合同，应当遵循平等自愿、协商一致的原则。本案中，该公司与小武所订劳动合同期限届满后，合同中约定的权利义务也就不存在了，双方的劳动关系应以合同到期而终止。如果一方需要续订劳动合同，必须经平等自愿、协商一致来确定，一方不能强迫另一方续订劳动合同（合同有约定的除外）。

本案中，该公司以索要培训费为由，强求小武续订劳动合同，是不符合法律规定的。对职工进行业务技术培训是企业的义务，至于对某一劳动者单独支付一笔费用进行专门技术培训的，企业应同其签订有关培训合同，就双方培训期间及培训后的有关事项做出约定，一方违反培训合同，给对方造成损失的，应承担赔偿责任。而本案中，该公司派小武外出培训，虽然花费了 20 000 万元培训费，但双方并没有就培训结束后有关事项作出任何约定。在这种情况下，合同期满小武提出不愿续订劳动合同，无任何违约行为，完全符合法律规定。该公司索要培训费是没有道理的，不与小武办理终止劳动合同手续更是不合法的。

在这种情况下要保护企业的利益，人力资源工作人员就要事先对培训期间及培训后的有关事项与员工进行约定。

人力资源管理员鉴定项目表

<table>
<tr><td colspan="2">职业（工种）</td><td colspan="2">人力资源管理员</td><td rowspan="2">等级</td><td colspan="5">一 二 三 四 五 其他
☐ ☐ ☐ ☐ ☐ ☐</td></tr>
<tr><td colspan="2">职业代码</td><td colspan="2"></td></tr>
<tr><td>序号</td><td>项目</td><td colspan="2">单元</td><td>鉴定方式</td><td>抽选方法</td><td colspan="2">配分</td><td>时限（分）</td><td>准备时限</td></tr>
<tr><td rowspan="3">1</td><td rowspan="3">专业知识</td><td>1</td><td>是非判断</td><td rowspan="3">机考</td><td>30</td><td>30</td><td rowspan="3">100</td><td rowspan="3">90</td><td rowspan="3"></td></tr>
<tr><td>2</td><td>单项选择</td><td>40</td><td>40</td></tr>
<tr><td>3</td><td>多项选择</td><td>15</td><td>30</td></tr>
<tr><td>2</td><td>实务操作</td><td>1</td><td>实务操作</td><td>笔试</td><td>5 选 4</td><td>100</td><td>100</td><td>90</td><td></td></tr>
</table>

知识考核模拟试卷

一、判断题（下列判断正确的请打“√”，错误的打“×”；每题1分，共30分）

1. 工作分析也称职务分析，是指工作任务和职责分析。（ ）
2. 最低工资原则是劳动力配制必须遵循的原则之一。（ ）
3. 劳动力配置具有均衡性。（ ）
4. 德尔菲法（Delphi）是人力资源需求预测的定性分析方法。（ ）
5. 事业部制最大的特点是双道命令系统。（ ）
6. 工作描述和工作规范为录用提供了参考依据。（ ）
7. 在招聘过程中，用人单位有义务向应聘者介绍自己组织的真实情况。（ ）
8. 招聘评估是招聘基本程序中必不可少的环节。（ ）
9. 招聘信息的发布范围越广越好。（ ）
10. 非结构化面试缺乏统一的标准，容易带来偏差。（ ）
11. 培训针对短期的工作表现，而开发注重长期的个人能力培养。（ ）
12. 入职培训是指为员工到达新工作岗位后，企业进行的人力资源管理活动。（ ）
13. 组织分析包括对组织内环境的分析和组织外环境的分析。（ ）
14. 培训的一般步骤包括培训需求分析、培训计划设计、培训实施与培训评估。（ ）
15. 个人职业生涯设计可分为自我认识、确立目标、择业策略、职业评估四个步骤。（ ）
16. 员工绩效评估包括对其潜能、显能和工作业绩等方面的认识、评价。（ ）
17. 考核员工绩效是一个循环的过程，要在具体工作前、工作中和工作后进行。（ ）
18. 绩效评估对员工工作业绩的考核可以看做主要是从员工能力转化态的视角进行。（ ）
19. 运用目标管理法进行绩效评估，其前提是组织中上下级一起制定组织发展目标。（ ）
20. 绩效评估表设计原则中的“适应性”主要指对编制各个环节都要有所考虑。（ ）
21. 薪酬的物价性调整有等比调整和等额调整两种方式。（ ）
22. 技术等级工资制的缺点是不能把员工工资与其劳动绩效直接相联系。（ ）
23. 福利是组织整体薪酬体系的一部分，包括社会保险、津贴等形式。（ ）

24. 失业保险金的给付期限，规定最长为 24 个月，最短为 6 个月。（　）

25. 新参加工作员工的见习工资属于特殊情况下支付的工资。（　）

26. 经我国人民代表大会常务委员会批准、在我国生效的国际劳工公约，不属于我国劳动法的表现形式。（　）

27. 我国所有的用人单位包括企业性的用人单位和非企业性的用人单位都适用《劳动法》。（　）

28. 《岗位合格证书》由行业主管部门或企业自行印制，由企业法人自行颁发。（　）

29. 企业可以不为试用期的员工缴纳社保费。（　）

30. 在校生利用业余时间勤工俭学，不视为就业，未建立劳动关系，可以不签订劳动合同。（　）

二、单项选择题（下列每题的选项中，只有 1 个是正确的，请将其代号填在横线空白处；每题 1 分，共 40 分）

1. 下列________组织形式适用于产品品种多而且变化大的企业或以开发与科学实验研究为主的单位。

A. 直线型　　B. 职能型

C. 直线—职能型　　D. 矩阵型

2. 如果一个企业的规模较小，员工的素质又比较高，部门结构类型设计宜________。

A. 以工作和任务为中心　　B. 以关系为中心

C. 以人为中心　　D. 以价值观为中心

3. 目前我国市场配置人力资源的基本原则是________。

A. 确保质量　　B. 降低成本

C. 双向选择　　D. 德才兼备

4. 要做好人力资源管理工作，首要的也是最为基本的是________。

A. 人力资源招聘与配置工作　　B. 职务设计与岗位说明

C. 制定人力资源规划　　D. 绩效考核工作

5. 狭义的人力资源规划，是指企业从战略规划和发展目标出发，根据其内外部环境的变化，预测企业未来对人力资源的需求以及满足这种需求所提供的人力资源的活动过程，也可以叫做________的制订。

A. 企业人员计划　　B. 人力资源发展计划

C. 人力资源开发计划　　D. 人力资源管理计划

6. 最低工资标准是根据物价指数调整的，如果发生特殊情况，物价指数小于最低工资标准的增长幅度，那么，应在确认________增长幅度以后，以此增长幅度作为调整工资的标准。

A. 物价指数　　B. 最低工资标准

C. 最低工资指导线　　D. 当地人工成本平均水平

7. 下列关于招聘说法，错误的是________。

A. 招聘质量事关重大　　B. 招聘有很大的随意性

C. 招聘应提供公平竞争的机会　　D. 招聘要保证组织得到高额回报

8. 下列不符合招聘能级原则的是________。

A. 人尽其才　　B. 用其所长

C. 职得其人　　D. 必择最优

9. 招聘实施的________环节，招聘者和求职者要做出自己的决策。

A. 人员招聘　　B. 人员选拔

C. 人员录用　　D. 人员测评

10. ________的目的在于组织与应聘者双方补充深层次的信息。

A. 初步面试　B. 诊断面试　C. 结构面试　D. 非结构化面试

11. 通常背景调查的主要内容不包括________。

A. 教育状况　B. 工作经历　C. 个人品质　D. 家庭背景

12. 下列关于聘任期说法，错误的是________。

A. 聘任期越长，员工队伍越稳定

B. 对关键岗位员工，聘任期适当短一些

C. 聘任期太长，易使部分员工不思进取

D. 对一般岗位员工，聘任期适当短一些

13. 培训效果的量化测定公式 $TE=(E_2-E_1)\times TS\times T-C$ 中，T 是指________。

A. 培训人数　　B. 培训效益可持续的年限

C. 培训成本　　D. 培训后每个受训者一年产生的效益

14. 在培训中，先由教师综合介绍一些基本概念与原理，然后围绕某一专题进行讨论的培训方式是________。

A. 讲演法　B. 研讨法　C. 角色扮演法　D. 案例分析法

15. 企业在进行新员工入职培训的会务准备时，需要准备入职培训的专业内容，下列选项中，________不属于入职培训的专业内容。

A. 业务知识　B. 技能知识　C. 管理务实　D. 企业文化

16. 以下培训与开发的原则不正确的是________。

A. 长期性原则　　B. 战略性原则

C. 培训内容相同原则　　D. 择优奖励原则

17. 在培训结束后，通过考核受训者的工作表现来评价培训效果，属于________评估。

A. 一级　B. 二级　C. 三级　D. 四级

18. 某企业发现其人力资源部经理候选人欠缺某些生产线基础知识，于是便下派他到生产一线锻炼两个月，然后考虑升迁事宜，这种人力资源开发模式被称为________。

A. 循环式升迁　　B. 循序渐进式升迁
C. 海豚式升迁　　D. 全面性升迁

19. 在绩效评估中，评估结果要反馈给员工本人，并向其进行必要的解释说明，为其今后工作提供借鉴和改进的建议，这体现了绩效评估中的________原则。

A. 结果公开　B. 结合奖惩　C. 客观性　D. 反馈

20. 员工绩效优劣受主客观等多方面因素影响，这体现绩效的________特征。

A. 严格性　B. 多样性　C. 多维性　D. 多因性

21. 某公司依据其绩效评估的结果将某一员工的工资水平上涨了 25%，体现了绩效结果应用中________的运用。

A. 员工任用依据　　B. 员工培训依据
C. 确定薪酬依据　　D. 员工激励的途径

22. 下列绩效评估方法中，________是一种过程式或程序性。

A. 图尺度评估法　　B. 配对比较法
C. 目标管理法　　D. 叙述式表格法

23. 主要通过员工日常工作的记录来收集绩效评估的资料，属于________。

A. 观察法　　B. 工作记录法
C. 关键事件法　　D. 他人反馈法

24. 在绩效评估的资料收集过程中，因为发现了资料与经验、常识不相符合，进而再次进行核实，这主要是运用________审查资料。

A. 经验和常识　　B. 材料的内在相关性
C. 资料间差异比较　　D. 资料来源判断法

25. 以记录直接影响工作绩效优劣的关键行为为基础的考评方法，属于绩效评估方法中________。

A. 目标管理法　　B. 360 度反馈法
C. 关键事件法　　D. 行为锚定法

26. 岗位薪点工资制一般适用于________。

A. 销售型企业　　B. 生产型企业
C. 管理型企业　　D. 金融型企业

27. 以下不属于技术等级工资制适用工种特点的是________。

A. 技术复杂程度比较高　　B. 工人劳动差别大
C. 分工较细　　D. 工作物不固定

28. 关于加薪的实施方式，下列说法错误的是________。

A. 可以采取基本薪酬累积增长的方式
B. 可以采取一次性加薪的方式
C. 一次性加薪是常规的年度绩效加薪的一种变通措施

D. 一次性加薪通常是对处于所在薪酬等级最低层的员工所采取的绩效激励方式

29. 失业保险所需资金来源的部分，属于政府负担的是________。

A. 失业保险费　　B. 财政补贴

C. 基金利息　　D. 其他基金

30. 以下不是进行薪酬等级设定时，确定区间宽窄和职级数目多少的主要依据的是________。

A. 工资结构线的斜率　　B. 职务总数的多少

C. 员工人数　　D. 企业的薪酬管理政策

31. 关于用人单位可以代扣的劳动者工资，下列说法错误的是________。

A. 员工的带薪假期工资

B. 用人单位代扣代缴的个人所得税

C. 用人单位代扣代缴的应由劳动者个人负担的各项社会保险费用

D. 法院判决、裁定中要求代扣代缴的抚养费、赡养费

32. 最低工资率的确定按照________。

A. 政府规定

B. 企业自行制定

C. 员工与企业协商确定

D. 政府、工会、企业三方民主协商确定

33.《劳动法》规定在用人单位实行经济性裁员时，应当提前________向工会说明情况，听取意见。

A. 30 天　　B. 两个月　　C. 5 天　　D. 一个星期

34. 2007 年颁布的《劳动合同法》规定合同期限大于或等于三个月小于一年，其试用期限不得超过________。

A. 两个月　　B. 六个月　　C. 一个月　　D. 无试用期

35.《劳动法》规定女职工生育享受不少于________天的产假。

A. 30　　B. 60　　C. 90　　D. 120

36. 劳动者在试用期间解除劳动合同的，应提前________天通知用人单位。

A. 3　　B. 15　　C. 30　　D. 10

37. 劳动合同的主体具有特定性，下面说法不正确的是________。

A. 合同的一方是用人单位，另一方必定是劳动者

B. 作为劳动合同主体的劳动者，要有就业要求，具有劳动行为

C. 用人单位不可以是个体经济组织

D. 用人单位必须依法成立，能够以自己的名义承担相应的民事责任

38. 企业违反了集体合同规定的义务，应当承担________。

A. 行政责任　　B. 道义责任　　C. 经济责任　　D. 法律责任

39. 有关________的内容不包括在劳动法条款内。

A. 职业培训　　B. 劳动争议处理

C. 厂规厂纪　　D. 劳动监察

40. 按照《劳动合同法》第八十五条的规定，用人单位解除或者终止劳动合同，未依照本法规定向劳动者支付经济补偿的，________。

A. 由劳动保障行政部门责令用人单位限期支付经济补偿

B. 由劳动保障行政部门责令用人单位限期支付，但用人单位逾期不支付的，由劳动保障行政部门责令用人单位按应付金额 50%以上 100%以下的标准向劳动者加付赔偿金

C. 由劳动保障行政部门以每人 1 000 元以上 2 000 以下的标准处以罚款

D. 由劳动保障行政部门责令用人单位双倍支付经济补偿

三、多项选择题（下列每题的选项中，至少有 2 个是正确的，请将其代号填在横线空白处；每题 2 分，共 30 分）

1. 常用的工作分析信息收集方法包括________。

A. 工作实践法　　B. 观察法　　C. 访谈法　　D. 问卷调查法

2. 人力资源规划的内容包括________。

A. 战略规划　　B. 组织规划　　C. 制度规划

D. 人员规划　　E. 费用规划

3. 招聘与选拔工作的原则有________。

A. 公开原则　　B. 竞争原则　　C. 能级原则

D. 全面原则　　E. 最优原则　　F. 择优原则

4. 招聘人员应从________几方面筛选简历。

A. 分析简历结构　　B. 重点看客观内容

C. 审查简历的逻辑性　　D. 简历的整体印象

E. 判断是否符合技术和经验要求

5. 对员工进行入职培训所需要准备的资料有________。

A. 员工上岗通知　　B. 员工上岗培训安排表

C. 员工上岗培训计划　　D. 员工上岗培训提纲

E. 按照培训内容编写培训资料或提纲　　F. 员工手册

6. 在培训评估过程中，涉及的资料有________。

A. 培训反馈中的问卷资料

B. 反映受训者培训后行为与学习方面的变化的分析比较资料

C. 与培训效果相关的数据资料、相关证明文件等

D. 学员个人资料登记表

7. 培训评估的结果层次可以通过以下________指标来测定。

A. 迟到率　　B. 事故率　　C. 行为的改变
D. 产品合格率　　E. 利润　　F. 技能的获得
G. 销售量

8. 绩效评估主要包括________。
A. 人员行为评定　　B. 人员素质评价
C. 人员态度评价　　D. 人员业绩评定

9. 下列属于常用的绩效评估方法有________。
A. 等级评估法　　B. 排序法　　C. 配对比较法
D. 目标管理法　　E. 关键事件法等

10. 一般而言，绩效评估结果的表示方法包括________。
A. 图表表示法　　B. 数字表示法
C. 文字表示法　　D. 图线表示法

11. 薪酬管理的原则有________。
A. 竞争性　　B. 公平性　　C. 激励性
D. 经济性　　E. 时效性　　F. 现实性

12. 关于绩效薪酬，下列说法正确的是________。
A. 绩效薪酬从时间维度上可以分为长期性薪酬和短期性薪酬
B. 绩效薪酬从激励对象维度上可以分为个体性薪酬和团体性薪酬
C. 长期性绩效薪酬以股票所有权为代表
D. 短期性绩效薪酬有一次性奖金、绩效加薪等形式
E. 个体性绩效薪酬有计件工资制、佣金制等形式
F. 团体性绩效薪酬有收益分享、利润分享等形式

13. 按照国家的有关规定，工资总额可由________组成。
A. 计时工资　　B. 计件工资
C. 奖金　　D. 津贴和补贴
E. 加班加点工资　　F. 特殊情况下支付的工资

14. 我国劳动法的基本原则是________。
A. 按需分配　　B. 各尽所能，按劳分配
C. 保护劳动者　　D. 保护用人单位

15. 下列________不适用《劳动法》。
A. 家庭保姆　　B. 现役军人
C. 农业劳动者　　D. 公务员
E. 社会团体的工作人员

知识考核模拟试卷答案

一、判断题

1. × 2. √ 3. × 4. √ 5. × 6. √ 7. √ 8. √ 9. × 10. √ 11. √ 12. × 13. √ 14. √ 15. √ 16. √ 17. √ 18. × 19. √ 20. × 21. √ 22. √ 23. √ 24. × 25. × 26. × 27. × 28. √ 29. × 30. √

二、单项选择题

1. D 2. A 3. C 4. C 5. A 6. B 7. B 8. D 9. C 10. B 11. D 12. B 13. B 14. B 15. D 16. C 17. C 18. C 19. D 20. D 21. C 22. C 23. B 24. A 25. C 26. B 27. C 28. D 29. B 30. C 31. A 32. D 33. A 34. C 35. C 36. A 37. C 38. D 39. C 40. B

三、多项选择题

1. ABCD 2. ABD 3. ABCDF 4. ABCDE 5. ABCDEF 6. ABC 7. ABDEG 8. BD 9. ABCDE 10. BCD 11. ABCD 12. ABCDEF 13. ABCDEF 14. BC 15. ABCD

技能考核模拟试卷（一）

一、方案设计题（1～3题，3选2，每题25分，共50分。若3题全答，则以前2题为准）

方案设计第1题

背景描述1：

一个完整的招聘过程应该包括评估阶段。通常以招聘小结的形式来最后反映出招聘评估的结果。在撰写招聘小结时，应该遵循真实的原则进行，指出其成败之所在，以吸取经验教训。通常，招聘小结必须涉及以下内容：招聘计划、招聘进程、招聘结果、招聘经费和招聘评定。

背景描述2：

上海实业有限公司因工作需要，于2007年8月向社会公开招聘生产管理部经理1名、营销企划人员3名。由人力资源部副经理周伟负责，相关部门给予配合。从8月5日在一家专业招聘网站上发布消息开始，2周内就陆续收到应聘者的资料。经过一周的筛选，从28份简历中选出7名生产管理部经理的候选人；从105份简历中拣选出35名营销企划人员候选人。8月26日开始面试，为了确保招聘到优秀人才，公司委托上海英才管理咨询公司进行相应的招聘测评工作。一周后，根据面试结果决定录用李亚辉为生产管理部经理，营销企划人员则只录用了张春和吕晓。9月16日，新员工报到。此次招聘广告发布费15 000元，招聘面试费用20 000元，其他杂费3 500元。

操作要求：

1. 结合上海实业有限公司8月份的招聘活动，请用招聘小结的形式对此次招聘活动进行评估。（15分）

2. 上海实业有限公司决定录用李亚辉，请你为他设计一份录用通知书。（10分）

方案设计第2题

背景描述：

B公司是一家制造型企业，为了提高企业的竞争力，于2002年引进了ISO 9001质量管理体系，并计划通过审核，该工作被确定为2003年公司全年管理工作的重点。为了配合这一项工作的开展，公司自2002年2月开始至2002年10月对公司全体员工进行了ISO 9001质量管理体系的培训。培训形式包括请专家来公司讲课、选派员工外出参加相关培训等。培训内容有ISO 9001质量管理体系的介绍、内审员资格、SPC统计程序、计量仪器校正与管理。

培训时间	培训内容	培训方式	培训人数
2002.3—6	ISO 9001 质量管理体系	内训	200
2002.3—4	内审员资格	外训	6
2002.4—6	SPC 统计程序	外训	4
2002.7	计量仪器校正与管理	内训	100

为了通过此次培训活动，使公司顺利通过认证，公司要求在相关培训结束之后，作出相应的培训效果的评估。

问题：

请您根据培训的内容和培训时间做出一个培训效果评估计划。(25 分)

方案设计第 3 题

背景描述 1：

集体计件工资是由于产品加工过程复杂，需要若干工人分工协作才能完成，且计件小组内每个员工的责任不易分清等原因造成的。集体计件工资是用集体完成的合格和视同合格的产品数量，乘以计件单价，再减去废品赔偿金额的方法计算出来的工资。分配集体计件工资的关键是计算计件小组计件工资总额、确定分配标准和分配计件工资三个方面。常用的集体计件工资分配标准有计时工资和实际工作天数两种。

背景描述 2：

程春、赵林、万里、刘东四个人是上海东风汽车配件制造公司的员工，作为 ASB 部门的一个加工小组，主要负责 1 号产品的生产。对于技术工人的工资，上海东风汽车配件制造公司实行技术等级制，一共分 4 等，基础月标准工资为 800 元。程春是一位已有 12 年工龄的老工人，也是这个小组的组长，其技术等级为最高级 4 级，即月标准工资为 3 200 元；赵林、万里、刘东的技术等级则分别为 3 级、2 级、1 级。2007 年 8 月，程春、赵林、万里、刘东实际完成的工时数分别为 120 小时、130 小时、140 小时和 160 小时。根据他们小组完成的产量和 1 号产品的单价，他们小组 2007 年 8 月的计价工资总额为 18 000 元。

操作要求：

1. 请用计时工资作为分配标准，计算他们四个人 2007 年 8 月份的计件工资是多少？(每月工作天数按 30 天计算)(12 分)

2. 请用实际工作天数（小时）作为分配标准，计算他们四个人 2007 年 8 月份的计件工资是多少？(13 分)

二、案例分析题（每题 25 分，共 50 分）

案例分析第 1 题

背景描述：

为了了解隆兴公司绩效考核制度的实施情况，我分别采访了某部门主管 A 君、其下属

B君和人力资源部负责考核工作的负责人。

1. 与A君的谈话

问：绩效考核制度推行约半年了，您对于绩效考核是如何理解的？

答：说实在的，我也不清楚绩效考核是咋回事，只觉得稀里糊涂填什么表，打什么分，净浪费大家的时间。

问：对于公司的考核制度，您是不是清楚？

答：不清楚，反正人力资源部告诉我去领表，什么时候交结果，服从命令呗！

问：人力资源部对于考核制度没有进行过培训？

答：好像没有，我记不太清楚了。

问：您平时依据什么给员工评价？

答：我在销售部门，当然要看销售量了。不过，有时也综合看员工的能力、态度、服从性、责任心等因素，后面的因素也非常重要。

问：你们采取的是季度考核，季度初有没有跟员工定季度目标，比如销售量？

答：大家都有数，我工作也很忙，对他们也很熟悉、很了解，没必要那么啰唆。

问：部门平时沟通多么？

答：大家天天都忙，有时又飞来飞去，哪有时间沟通。偶尔有那么一两次，不过是针对个别员工。

问：那您能说对他们的工作能很清楚？

答：还可以吧！工作性质单一。

问：对于公司考核工作，您有什么好的建议？

答：说心里话，建议公司废除考核，考核一点用都没有！

问：为什么这样认为？

答：一点都不增值！

2. 与下属B君的谈话

问：你好，您平时有考核结果吗？

答：听说有，但从来没有沟通过，不知道是哪一个等级。

问：公司有明确的绩效考核制度，您对于里面的内容是否了解？

答：不是非常清楚，只是听几位同事提起过。

问：人力资源部没有给你们培训过？主管A没有向你们传达过？

答：没有！听主管讲考核结果是保密的，不允许大家乱打听。

问：部门平时沟通多么？

答：几乎没有，大家自生自灭吧！

问：部门的组织氛围怎样？

答：怎么说呢，我感觉像一潭死水，几个主要的骨干都走了，剩下的也都无精打采。说心里话，我都想走，只是很留恋这帮同事，对公司也有感情了。

问：平时也会找主管 A 寻求工作支持，或做一些非正式的沟通吗？

答：领导比我们还忙，天天看不到人，工作有困难算自己倒霉吧！

3. 与人力资源部考核负责人的谈话

问：绩效考核制度推行约半年了，您认为绩效考核在公司推行的情况如何？

答：还可以吧。

问：为了推行这个制度，你们做了哪些工作？

答：我们这里只有两个人，还能做什么？

问：难道只是人力资源部参与吗？没有建立一个推行小组，没有让所有中层管理者介入吗？

答：没有，大家都认为这是人力资源部的职责范围。

问：高层领导也这样认为？

答：不只高层，我们部门的领导也认为这是人力资源部的事情，从制度的制定到考核表的设计，都是我们几个做出来的。推行嘛，更是我们两个人努力的结果。效果嘛，我们也无能为力！

问题：

1. 你认为隆兴公司的绩效考核制度成功吗？为什么？(13 分)

2. 如果你是该公司人力资源部的主管，你会向公司高层领导提出哪些改进的建议？(12 分)

案例分析第 2 题

某公司是一家全国著名的文化传媒公司，属于全民所有制企业。公司现有员工数百人，主要业务是杂志出版、发行，旗下除了母刊之外，还有三家子刊；在事业投资方面拥有一家教育学院、一家地产公司，以及其他配套产业。该公司发展势头良好，盈利可观。由于公司发展迅速，加之激烈的市场竞争，公司领导决定扩展业务范围，接连创办三本新刊。同时请人事部大举招收新人加盟，一方面为公司业务扩展弥补人才缺口，也为公司未来发展储备优秀人才。

但是许多新的业务是在匆促中开创的，新刊的重要职位均由老员工担任，但新刊的风格、内容和母刊存在很大不同，这批老员工的编辑技术和心理准备还没有完全适应新刊的运作。而大批新加盟的员工（几乎占总员工人数的一半）对企业的原有运行方式尚未适应，对企业文化的认知还存在一定的偏差，人力资源配置出现很大的问题。诸多问题的积聚，造成了三本新刊在市场定位、销售渠道、广告宣传等方面都存在问题，最后导致新刊面世得不到市场的认可，前期几百万投资几乎颗粒无收。为此，这家公司的总体利润比同期大幅下滑。

问题：

请分析这家公司在人力资源管理方面存在的问题。(25 分)

技能考核模拟试卷（一）答案

一、方案设计题

方案设计第1题

1. 上海实业有限公司8月份招聘小结（15分）

（1）招聘计划（3分）

根据公司发展需要，决定向社会公开招聘生产管理部经理1名、营销企划人员3名。

主要由人力资源部副经理周伟负责，招聘面试时其他有关部门负责人给予配合，参与了相关人员的招聘。

（2）招聘进程（3分）

1）8月5日在一家专业招聘网站上发布消息。

2）8月5日—16日，应聘者报名登记。

3）8月19日—23日，进行初步筛选。

4）8月26日—30日，招聘面试。

5）9月2日—6日，决定录用名单。

6）9月16日，新员工报到。

（3）招聘结果（3分）

1）生产管理部经理应聘者28人，参加招聘面试的7人，录用1人。

2）营销企划人员应聘者105人，参加招聘面试的35人，录用2人。

（4）招聘经费（3分）

1）招聘广告发布费15 000元。

2）招聘面试费用20 000元。

3）其他杂费3 500元。

4）合计招聘费用为38 500元。

（5）招聘评定（3分）

1）主要成绩：由于此次招聘委托专业机构对应聘者进行了科学测试，录用人员总体素质不错，比较令人满意。

2）不足之处：由于招聘信息只限于在一家专业招聘网站上发布消息，信息发布渠道单一，过于狭窄，使营销企划人员的招募没能按计划完成。

2. 生产管理部经理李亚辉的录用通知书（10分）

录 用 通 知

李亚辉先生：

您好！经我公司研究，决定录用您为本公司员工，欢迎您加盟本公司，请您于2007年9月16日9：00时到我公司人力资源部报到。

上海实业有限公司人力资源部

2007年9月6日

报到须知：（5分）

①报到时请持录取通知书；②报到时须携带本人2寸近照4张；③须携带身份证、学历学位证书原件和复印件；④指定医院体检表；⑤本公司试用期为3个月；⑥若您不能就职，请于9月13日前告知本公司。

方案设计第2题

第一步：观察学员的反应。在上课期间，对学员培训期间的表现进行考核，包括上课出勤率、上课时的态度等。（8分）

第二步：检查学员的学习结果。每门培训课程结束之后，通过问卷、考试等方法进行考核。（8分）

第三步：衡量培训前后的工作表现。通过部门主管评价、同事评价、实际考察、业绩考核表等。（9分）

方案设计第3题

1. 用计时工资作为分配标准（12分）

（1）计算程春、赵林、万里、刘东4人的计时工资：（4分）

程春的计时工资$=\frac{3\,200}{30\times 8}\times 120=1\,600$（元）

赵林的计时工资$=\frac{2\,400}{30\times 8}\times 130=1\,300$（元）

万里的计时工资$=\frac{1\,600}{30\times 8}\times 140=933$（元）

刘东的计时工资$=\frac{800}{30\times 8}\times 160=533$（元）

（2）计算：（4分）

集体计件工资分配率＝18 000÷(1 600＋1 300＋933＋533)＝4.122 8

（3）分配集体计件工资：（4分）

程春8月份的计时工资＝1 600×4.122 8＝6 596.48（元）

赵林8月份的计时工资＝1 300×4.122 8＝5 359.64（元）

万里 8 月份的计时工资＝933×4.122 8＝3 846.57（元）

刘东 8 月份的计时工资＝533×4.122 8＝2 197.45（元）

2. 用实际工作小时作为分配标准：（13 分）

（1）计算程春、赵林、万里、刘东 4 人的集体计件工资分配率：（5 分）

集体计件工资分配率＝18 000÷(120＋130＋140＋160)＝32.727 3（5 分）

（2）分配集体计件工资：（8 分）

程春 8 月份的计时工资＝32.727 3×120＝3 927.28（元）

赵林 8 月份的计时工资＝32.727 3×130＝4 254.55（元）

万里 8 月份的计时工资＝32.727 3×140＝4 581.82（元）

刘东 8 月份的计时工资＝32.727 3×160＝5 236.37（元）

二、案例分析题

案例分析第 1 题

1. 隆兴公司的绩效考核制度是非常失败的（2 分）。绩效管理是一个系统，要想有效实施，企业文化、组织责任体系对员工的绩效应有相应影响（2 分）；公司绩效目标体系、绩效管理程序与方法不合理（3 分）；高层领导对绩效考核不重视（3 分）；企业文化、组织氛围都没有创造利于绩效管理的有利环境；从组织的角度，没有理清人力资源部在绩效管理中的职责（3 分）。

2. 首先，设定绩效目标体系，将组织目标分解到个人，设定关键绩效指标（4 分）；其次，完善绩效管理过程，从绩效计划、绩效实施、绩效考核、绩效反馈等方面对员工绩效进行管理（4 分）；第三，建立适合企业状况的绩效考核和评价体系，并和薪酬、员工职业发展、培训相结合（4 分）。

案例分析第 2 题

1.（1）招聘制度。招聘制度的优劣直接影响未来人才的储备，是公司是否持续发展的重要一环。为此，许多公司制定了一套完整的考核筛选体系作为招聘新员工的依据。但是，这家公司在招聘方面存在明显的缺陷：公司虽然设有人事部，但是没有起到招聘新员工中的甄选选拔作用。员工被聘用的渠道相对较窄，仅有少数通过外部应聘而来。还有一部分仍然是原有的老员工，造成员工之间文化素质和业务水平良莠不齐，不仅影响了日常的业务开展，更影响了整个公司的士气。（5 分）

（2）企业文化。企业文化是公司是否拥有核心竞争力的根源，企业文化包括三个层次：产品文化、制度文化和价值文化。创建优秀的企业文化是人力资源部门的重要职责。这家公司在业务扩展之后还是应用原来的模式运行，企业文化没有适时调整，保守的力量强大。而业务的扩大明显对原来的企业文化产生了冲击，新员工的到来也带来新的生产知识和新的运行模式要求，同时他们对企业远景目标的认同也存在差异，新旧文化交锋。这些问题没有得到妥善解决，必会影响企业的发展。（5 分）

（3）激励机制。人力资源的核心问题是激励机制问题，一套健全有效的激励机制对吸引优秀人员的加盟起着非常重要的作用。

这家公司没有随着形势的变化，调整自己的激励机制。公司领导凭着老经验管理公司，对高工资留住人才这一点深信不疑，没有采用其他方式激励员工的积极性。

可以预料：后来的新进员工可能会离开，甚至加盟到竞争对手公司中。如果这样，不仅会对这家公司的业务发展产生重大影响，更致命的是，他们将本公司的技术等带到竞争对手公司中去，对公司发展更是沉重一击。（5 分）

2. 对策（10 分）

（1）改革用人制度的局限性。公开向社会招聘优秀人才。加强内部员工培训。（4 分）

（2）革新企业文化。论述企业文化的重要意义。加强企业的凝聚力和向心力。（3 分）

（3）改革激励机制。引入多种激励方式和方法。（3 分）

具体答案围绕以上要点，言之有理即可。

技能考核模拟试卷（二）

一、方案设计题（1～3 题，3 选 2，每题 25 分，共 50 分。若 3 题全答，则以前 2 题为准）

方案设计第 1 题

背景描述：

新员工的入职培训是一个很重要的培训，它是新员工能否很快融入公司的一个重要环节，以下是科朗公司新员工培训的内容介绍。

科朗公司的新员工培训时间有两天，培训的最重要目的是向员工传递 GROWS 行为的理念，使新人尽快熟悉企业文化的要求。

科朗公司还教新员工一些做事的基本技能，向新员工介绍整个公司的部门结构和职能，让员工了解一些具体的办事程序。

问题：

请你根据以上内容，编制一个两天的培训内容。（25 分）

方案设计第 2 题

背景描述：

某公司是一家小型公司，在其创业初期，由于业务繁忙，公司没有时间制定一套正式的、完整的绩效考评制度，只是由公司老总李某兼任人力资源总监，进行一些相关事宜的处理工作。李某会不定期地对工作业绩好的员工提出表扬，并给予物质奖励；对工作态度不好的员工提出批评；一旦员工的业绩连续下滑，他就会找员工谈心，寻找原因，鼓励员工积极进取。

最近公司发展迅速，公司规模由最初的十几个人扩展至上百人。但是随着人员尤其是管理人员和销售人员的增加，问题也出现了。主要表现为员工流失率一直居高不下，员工工作士气不高。这时候，李某不得不考虑，是否应该建立一套绩效考评的正式制度，以达到解决公司目前面临问题等目的。

问题：

1. 请指出该公司的绩效考评中的主要问题。（16 分）

2. 为管理人员和销售人员设计一套更有效的绩效考评方案，并说明设计的基本依据。（9 分）

方案设计第3题

背景描述1：

企业工资制度是关于企业定额劳动、标准报酬的制度，它是企业内部多种分配的基础，是确定和调整企业内部各类人员工资关系的主要依据，也是企业制定内部工资计划的重要参考。结构工资制则是指基于工资的不同功能，划分为若干个相对独立的工资单元，各单元又规定不同的结构系数，组成有质的区别和量的比例关系的工资结构。结构工资制一般包括：基础工资、岗位工资、技能工资、效益工资、浮动工资和年功工资。

背景描述2：

丽华电子元件厂是一家大型的国营生产企业，随着市场化进程的推进，工厂为了更好地调动职工的工作积极性，对原有的工资制度进行了大幅度的调整。在综合分析基本保障型与效益激励型两种类型的薪酬结构的利弊后，结合丽华电子元件厂目前的发展情况，公司决定其员工的薪酬结构分为3块：工资、奖金和其他奖励。工资部分又为了强化员工的责任心，将结构工资与考核工资的比例由原来的6∶4变成了4∶6；并在年终奖的基础上增加了一事一奖的即时奖和特殊贡献的总裁特别奖；对公司中高层管理者和技术骨干，公司还有特别奖项的奖励，如期股期权、商业保险、住房津贴、技术津贴、岗位津贴等。

操作要求：

请根据资料绘制出丽华电子元件厂的薪酬结构图。

二、案例分析题（共2题，每题25分）

案例分析第1题

背景描述：

小舟2000年6月与某科技公司签订了为期3年的劳动合同。合同期间，公司为了研制新项目派小舟外出培训半年，当时双方书面约定，小舟培训期间合同中止履行，待小舟培训结束后继续履行，合同期按小舟培训时间顺延。2003年12月31日，按顺延时间劳动合同期满。公司提出要与小舟续签合同，小舟不同意。公司提出若不续签合同，小舟就必须退还公司为其支付的培训费10 000元，否则不办理终止合同手续。为此，小舟向当地劳动争议仲裁委员会提出申诉，请求该公司为其办理终止劳动合同的手续。仲裁委员会受理后，经调查，小舟与该公司所签劳动合同按协议已到期，小舟不愿意续订劳动合同，要求终止劳动关系理由正当，应支持。经调解，企业放弃了索要培训费的要求，为小舟办理了终止劳动合同的手续。

问题：

在此案例中，该公司的要求是否正确？为什么？如果你是该公司的人力资源工作人员，你认为企业的权益应如何保护？（25分）

案例分析第 2 题

背景描述：

A 公司是一家跨国公司，以研制生产医药产品为主要经营范围。B 公司是 A 公司在中国的子公司。随着生产业务的扩大，为了对生产部门的人力资源进行更加有效的管理和开发，2003 年初，分公司总经理、生产部经理老周和人力资源部经理老王商量在生产部设立一个人事事务的职位，主要工作职责是负责生产部和人力资源部的协调。最后，总经理说希望通过外部招聘的方式寻找人才。

为此，人力资源部经理老王开始了一系列的工作。在招聘工作的选择上，老王设计了两套方案：在行业专业媒体中做专业人员的招聘，费用 5 000 元，优点是对口的人才比例高一些，招聘成本低。另一个方案是在大众媒体上进行招聘，费用 10 000 余元，优点是可以借此扩大企业的知名度；不利条件是招聘成本相对高一些，尤其是造成前期的筛选工作量大。总经理看过方案之后，认为公司在国内处于初步发展阶段，不应放过任何一个宣传企业的机会，于是选择了第二种方案。

最终确定的招聘广告刊登的内容如下：

您的就业机会在 A 公司中下属的 B 公司，为您提供的职位是：充满希望、发展迅速的新行业的人力资源的生产部主管，主管生产部和人力资源部两部门协调性工作。

抓住机会！充满信心！

请把简历寄往：B 公司人力资源部收

在一周内的时间里，人力资源部共收到了 800 多封简历。老王和人力资源部的人员从 800 多份简历中筛选出 70 封有效简历，经筛选后，留下 5 人。他来到生产部门经理老周的办公室，将 5 人的简历交给了老周，并让老周直接面试。老周经过筛选之后认为有两人比较合适：李楚和王志勇。两人的资料对比如下：

姓名/性别/ 学历/ 年龄/ 工作时间/ 以前工作表现/结果

李楚/ 男/ 企业管理本科学历/ 35 岁/ 有 10 年一般人事管理经验/ 在此之前两份工作均有良好表现/ 可录用。

王志勇/ 男/ 企业管理本科学历/ 35 岁/ 有 8 年人事管理经验/ 以前曾在两个单位工作过，第一位主管的评价很好，没有第二个主管的评价资料/可录用。

老周反复考虑之后，与老王商量录用哪一位候选人，老王认为两人的资格审查都合格了，值得注意的是，王志勇没有上一家公司主管的评价，看不出他有何不好的背景。老周对王志勇的面谈表现印象很好，认为他在以后工作中比较容易相处，不会出现大的问题。最终，决定录用王志勇。

王志勇来公司工作了半年，在工作期间，经观察发现：王志勇的工作不如期望中的好，指定的工作经常不能按时完成，甚至出现不能胜任的现象，引起了管理层的抱怨，显然他对此职位不合适，必须加以处理。

然而，王志勇也很委屈：招聘所描述的公司环境和各方面情况与实际情况不符合，原来谈好的薪酬待遇减少了，工作的性质和面试时所描述的也有所不同，也没有正规的工作说明书作为岗位工作的基础依据。

问题：

1. 这次招聘效果不好的原因有哪些？（16分）

2. 你认为该如何改进这次招聘活动？（9分）

技能考核模拟试卷（二）答案

一、方案设计题

方案设计第 1 题

1. 科朗公司的经营理念与发展史。（5 分）

2. 科朗公司的组织结构。（5 分）

3. 科朗公司的各项规章制度。（5 分）

4. 科朗公司产品的基本知识。（5 分）

5. 了解工作流程。（5 分）

方案设计第 2 题

1. 该公司在绩效考评方面存在的主要问题包括：（16 分）

（1）考核内容不明确。

（2）考核指标不具体。

（3）考评方式方法的选择过于随意。

（4）绩效评估结果与薪酬的联系缺乏科学性，更多是一种人为控制。

2. 设计一套绩效考评方案包括以下主要方面：（9 分）

（1）管理人员应采用行为、品质为导向的考评方法。销售人员则需要采取结果、行为、品质为导向的考评方法。

（2）说明考评的主要指标和标准。

（3）说明绩效考评的具体步骤和要求。

方案设计第 3 题

丽华电子元件厂的薪酬结构图：

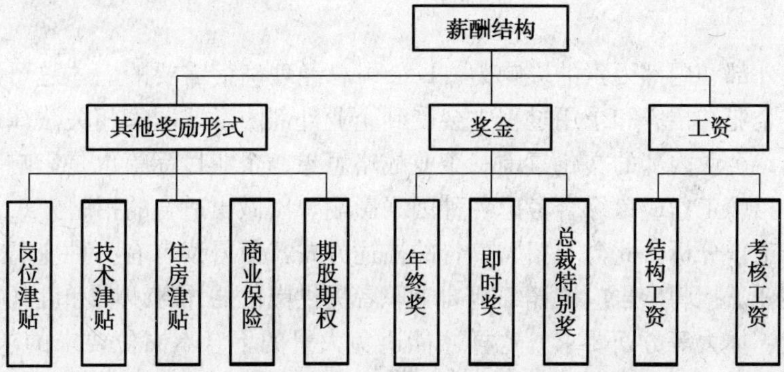

二、案例分析题

案例分析第1题

这是一起因续订劳动合同而发生的劳动争议案件，该公司的要求是不符合法律规定的。《劳动法》第二十三条规定，劳动合同期满或者当事人约定的劳动合同终止的条件出现，劳动合同即行终止。第十七条规定，订立和变更劳动合同，应当遵循平等自愿、协商一致的原则。本案中，该公司与小舟所订劳动合同期限届满后，合同中约定的权利义务也就不存在了，双方的劳动关系应以合同到期而终止。如果一方需要续订劳动合同，必须经平等自愿、协商一致来确定，一方不能强迫另一方续订劳动合同（合同有约定的除外）。

本案中，该公司以索要培训费为由，强求小舟续订劳动合同，是不符合法律规定的。对职工进行业务技术培训是企业的义务，至于对某一劳动者单独支付一笔费用进行专门技术培训的，企业应同其签订有关培训合同，就双方培训期间及培训后的有关事项做出约定，一方违反培训合同，给对方造成损失的，应承担赔偿责任。而本案中，该公司派小舟外出培训，虽然花费了10 000元培训费，但双方并没有就培训结束后有关事项做出任何约定。在这种情况下，合同期满小舟提出不愿续订劳动合同，无任何违约行为，完全符合法律规定。该公司索要培训费是没有道理的，不与小舟办理终止劳动合同手续更是不合法的。（15分）

在这种情况下要保护企业的利益，人力资源工作人员就要事先对培训期间及培训后的有关事项进行约定。（10分）

案例分析第2题

1. 招聘活动效果不好的原因（16分）

（1）招聘人力成本效率和招聘渠道的选择上有误区。B公司在招聘之前没有考虑到招聘成本效率的问题，所以造成了一系列的浪费。在招聘渠道的选择上，为了加强企业在市场上的宣传，启用了影响力大的媒体，由于大众报刊的广告受众很多，太多人对招聘广告做出反应，使得人力资源部门在招聘工作中失去了控制招聘成本、求职者类型、求职者数量等方面的能力，给人力资源部门工作造成了一定困难，使企业人力资源规划不能正常实现。（4分）

（2）忽视外部和内部因素的影响力。B公司总经理确信需要的人才总可以在人才市场上找到。其实企业在招聘和录用过程中会受到企业外部因素、国家相关法律政策和外部人才市场的影响；企业内部的文化氛围、企业战略思想、企业目标等也是影响企业招聘和录用的作用力。招聘工作应该综合考虑各种因素影响，以做出适合的招聘方式。（4分）

（3）缺少工作分析。此公司招聘广告的描述方式，使得读者有一种应聘冲动，但是冲动不代表能胜任。招聘广告应该详细地向求职者提供岗位的详尽说明和胜任本岗位所需要的知识、技能、体力等方面要求。这样才能避免大量的不合本岗位要求的求职者的简历，寻找到最适合的人应聘。（4分）

（4）招聘程序的不规范和无科学性筛选及录用。该公司在招聘程序中许多步骤和科学的甄选方式被省略了。案例中求职者李楚和王志勇的面试考核资料中，只有姓名、性别、学历、年龄等基础信息，对人员甄选来说这些资料是远远不够的。同时没有及时进行招聘后的评估工作。（4 分）

2. 改进的思路（9 分）

（1）规范招聘程序和进行科学筛选。（1 分）

（2）重视求职者的背景资料情况。（2 分）

（3）不向求职者宣传企业不实之处和进行无效许诺。（3 分）

（4）设立招聘后的评估等。（3 分）